Libérez votre créativité !

ANNE BACUS

Pour maîtriser les tests de recrutement
Votre bébé de un jour à un an
Mensa, le livre des tests
Votre enfant de 1 à 3 ans
Votre enfant de 3 à 6 ans
Mon enfant de 1 jour à 3 ans
Tests sans stress
Bébé pleure, que faire ?
1 000 trucs super-pratiques pour élever bébé
Faire garder son bébé
Mon enfant a confiance en lui

A BACUS et C. ROMAIN

Faites votre auto-évaluation professionnelle
Libérez votre créativité ! *J'ai lu* 7124/5

A. BACUS et C. PARRA-PÉREZ

Comment chercher et trouver un emploi

ANNE BACUS
CHRISTIAN ROMAIN

Libérez votre créativité !

J'AI LU
Bien-être

Précédemment paru sous le titre :
DÉVELOPPEZ VOTRE CRÉATIVITÉ

Sommaire

PREMIÈRE PARTIE

QUELQUES IDÉES CLÉS

DEUXIÈME PARTIE

QU'EST-CE QUE LA CRÉATIVITÉ ?

TROISIÈME PARTIE

PRATIQUE DE LA CRÉATIVITÉ

Ouvrez ce livre et suivez-le pas à pas.
Cheminez tranquillement.
Écoutez ce qu'il vous dit et faites ce qu'il vous propose…
Quand vous l'aurez fini, vous serez plus créatif.
Ce livre aura changé votre vie.

PREMIÈRE PARTIE

Quelques idées clés

À cet endroit il décida
d'abandonner la grand-route...
CONRAD

La créativité n'est pas un art de salon.

Elle n'est pas un don de l'esprit, dont quelques rares privilégiés auraient hérité.

Elle n'est pas le domaine réservé des artistes, des inventeurs et des publicitaires.

Elle n'est pas un mécanisme magique et capricieux à l'origine de quelques géniaux « Eurêka ! »

L'imagination créative est à la fois bien moins que cela car...

Elle est une expérience quotidienne, banale, un mode de pensée présent en chacun de nous, que l'on peut entraîner.

... Et bien plus que cela car...

Elle a partie liée avec l'humour, la poésie.

Elle est un outil efficace de résolution de problèmes, petites difficultés individuelles ou grandes questions humaines.

Elle est l'outil essentiel permettant d'être fidèle à une réalité en perpétuel changement.

Elle est le passage obligé du développement de la société humaine.

La créativité : un état d'esprit au quotidien

Peut-être considérez-vous que la créativité est un concept développé récemment, par des sociétés avides de renouvellement, dans un contexte en pleine évolution. En réalité, si le mot et les théories qui se sont bâties autour sont effectivement relativement récents, l'idée, elle, est vieille comme l'humanité.

Le monde a toujours changé, depuis la nuit des temps, et les hommes ont dû chaque fois faire l'effort de s'y adapter. Découvrir comment maîtriser le feu, concevoir des outils de plus en plus performants, inventer l'agriculture et l'élevage : les occasions de créer ne manquaient pas à nos ancêtres.

Aujourd'hui où ces changements semblent s'accélérer, il n'est pas de jour où nous ne soyons sollicités dans notre imagination créative. Laissons de côté pour l'instant les grandes découvertes que requièrent le développement de la médecine, la recherche scientifique et technique ou les développements technologiques. Oublions un moment les « professionnels de la créativité » que sont, chacun dans leur domaine propre, les chercheurs, les inventeurs, les artistes ou les publicitaires. Et intéressons-nous plutôt à votre vie de tous les jours.

C'est là, dans la multitude de problèmes quotidiens qui vous assaillent, que votre créativité trouve le mieux à s'exprimer. C'est là, avant tout, sa place véritable. Là que vous pouvez la développer et qu'elle change votre façon de vivre. C'est d'être créatif dans les petites choses qui apprend à l'être dans les grandes.

La créativité n'est pas seulement une aptitude professionnelle. Elle est avant tout un état d'esprit et une façon de voir la vie.

Bien souvent les habitudes ou les conseils d'amis viennent remplacer la démarche créative. Or, tout comme les autres aptitudes mentales, elle dépérit faute d'être sollicitée. La vie offre de multiples occasions d'être créatif. Encore faut-il les saisir.

Vous avez ouvert ce livre. Vous voulez développer votre créativité. Alors ne perdez pas une seconde. Ce livre va vous guider, mais il n'atteindra son but que si vous vous engagez dès maintenant à vous entraîner quotidiennement.

- Vous cuisinez ce soir ? Essayez un nouveau plat, osez des mélanges inédits. Ne vous limitez pas aux indications du livre de cuisine. Votre réfrigérateur est plein de petits restes ? Inventez une recette qui les inclura pour en faire un plat différent.
- Vos enfants veulent une histoire avant de s'endormir ? Cherchez-la dans votre imagination plutôt que dans un livre de la bibliothèque. La première histoire que vous inventerez ne les passionnera peut-être pas, mais on s'améliore vite.
- Vos enfants s'ennuient en voiture ? Aidez-les. Inventez des jeux, des devinettes, des arrêts surprises. Proposez des jeux qui stimulent l'imagination : jeu des métiers, jeu du portrait chinois, jeu où l'on ne peut répondre aux questions que par oui ou par non…
- Bricolez pour tenter de faire des choses à partir de trois fois rien. Récupérez chutes de tissu, morceaux de carton, divers objets au rebut, puis recombinez-

les en fabriquant de nouvelles choses. Certains sont ainsi devenus les champions du « détournement d'objets ».

• Un appareil est en panne ? Tentez, avant de faire appel à un professionnel, de vous plonger dans la notice pour faire un premier diagnostic.

• Vous êtes bloqué dans un embouteillage ? Mettez ce temps à profit pour « activer » votre cerveau créatif. Imaginez ce que serait la ville avec dix fois plus de véhicules, ainsi que toutes les implications du problème. Demandez-vous quelles innovations vous mettriez en place si vous étiez nommé responsable des problèmes de circulation. Cherchez toutes les solutions qui vous permettraient de ne plus vous trouver si fréquemment dans une telle situation, etc.

• Vous passez du temps dans les transports en commun ? Utilisez-le pour observer les personnes se trouvant autour de vous. Trouvez un prénom qui corresponde à leur visage et à leur allure. Tentez de deviner quelle est leur activité, leur mode de vie.

• Si vous aimez lire, choisissez de préférence des ouvrages qui vont vous faire réfléchir et ouvrir votre esprit sur des questions ou des dimensions que vous ignoriez.

L'apport d'informations est le véritable carburant de la créativité, car on n'imagine rien à partir de rien. On se contente de réorganiser autrement des éléments épars que l'on a intégrés ici ou là.

La créativité au quotidien n'est pas une finalité en soi, bien qu'elle débouche sur un mode de vie beaucoup plus ouvert et incomparablement plus amusant. Mais elle est aussi la base d'entraînement fondamentale qui vous permettra de passer à l'autre aspect de la créativité : celui de la recherche systématique d'idées neuves et des techniques de résolution de problèmes, telle qu'elle peut être utilisée dans le monde professionnel.

Il est temps pour vous de commencer un cahier dans lequel vous ferez l'ensemble des exercices proposés dans ce livre. Formuler ses réponses par écrit oblige à plus de concentration et de clarté d'une part, permet de mesurer ses progrès d'autre part.

> Tentez de répondre aux deux questions suivantes :
>
> 1. Quelle est la dernière idée que vous ayez développée et mise en pratique ? À quand remonte-t-elle ?
>
> 2. Quel est, à votre avis, l'homme (ou la femme) qui a été le plus créatif ? Pourquoi ?

Nous sommes tous créatifs

Tous les êtres humains possèdent en eux l'aptitude à créer. Si certains mobilisent cette faculté de façon quotidienne, la plupart n'ont pas su garder le contact avec cette partie d'eux-mêmes. Il faut dire que, si tous les jeunes enfants sont admirablement créatifs, le système scolaire et la morale sociale entraînent rapidement une baisse de l'imagination, pour faire place au conformisme et au dogme de « la » bonne réponse. Quelles que soient les études suivies, elles placent presque toujours l'étudiant dans une position de respect absolu par rapport aux « maîtres » en la matière et aux modèles anciens. Bien difficile ensuite de prétendre remettre ces méthodes ou ces théories en question. Cela rappelle l'anecdote arrivée à Max Planck (physicien allemand, créateur de la théorie des quanta) qui s'entendit répondre par son maître, alors que, étudiant, il concevait déjà sa nouvelle vision de la physique : « Votre idée est stupide car la physique est aujourd'hui achevée. »

La créativité est souvent inhibée chez les adultes, surtout chez ceux qui n'en ont pas un réel besoin dans leur vie quotidienne, mais elle n'a pas disparu. Tous ceux qui ont travaillé sur la notion de créativité sont d'accord sur ce point. Se donner une vue d'ensemble des problèmes, en concevoir les aspects divers et leurs implications, développer les solutions possibles et les valider, cela s'apprend. Les exercices permettant de développer soi-même ses capacités créatives, pour s'en servir ensuite dans sa vie personnelle et professionnelle, cela existe. Des méthodes de travail et de réflexion, débouchant sur une plus grande ouverture à la nouveauté et au changement, vous en trouverez dans ce livre.

Personne ne peut encore prétendre connaître parfaitement les mécanismes psychiques qui sous-tendent la créativité et l'université ne s'est guère, pour l'instant, penchée sur le sujet. Néanmoins, la démarche empirique qu'a soutenue le monde de l'entreprise s'est révélée efficace. Elle a prouvé que, comme les autres facultés intellectuelles, la créativité pouvait être développée grâce à des exercices d'entraînement particuliers et à la mise en place de nouvelles méthodes de réflexion et de travail.

Alors commencez par traquer dans votre langage les phrases qui sont autant de flèches destinées à tuer toute réflexion créative dans l'œuf :

« C'est comme ça, et c'est pas autrement ! »

« Pourquoi changer ? On a toujours fait comme ça… »

« Je suis trop vieux pour changer de façon de faire. »

« Inutile, on n'y arrivera jamais ! »

« La bonne réponse, c'est celle du prof (ou du livre). »

« … D'ailleurs, tout le monde pense comme moi ! »

« Ce n'est pas logique ! » « Ce n'est pas raisonnable ! »

« Inutile : de plus doués que moi s'y sont cassé les dents. »

« Cela ne marchera jamais ! » « Fie-toi à mon expérience ! »

« Arrête de rêvasser (de bricoler, de dessiner, de jouer, d'inventer des histoires…) et fais tes maths ! »

Réfléchissez aux deux questions suivantes :

1. Si vous étiez d'un coup merveilleusement créatif, à quels problèmes vous attaqueriez-vous en priorité ? (Traitez en premier lieu les problèmes personnels, en second les problèmes collectifs.)

2. Listez les raisons qui font qu'à votre avis vous n'êtes pas plus créatif. Qu'est-ce qui, chez vous, a particulièrement contribué à inhiber l'imagination créative ?

Ce livre va changer votre vie

Le monde change :
Que m'importe qui ne voit pas
Dans les frémissements du temps
Les orages à venir
Et les soleils nouveaux...

Imre LISZTÖFI

Apprendre un maximum d'informations sur la créativité rend déjà plus créatif. Ce livre contient donc une première partie explicative. Mais c'est avant tout l'entraînement qui débouche sur une réelle efficacité. C'est pourquoi il est avant tout pratique, du début à la fin.

Pour vous aider à faire face à vos propres inhibitions, il vous offre des clés qui vous permettront d'ouvrir vos propres verrous. Pour vous entraîner, il contient un grand nombre d'exercices à faire au fur et à mesure de sa lecture. Changer demande toujours un effort. Ici, l'effort consiste à faire les exercices et à accepter de revoir sa façon d'aborder la réalité quotidienne.

Qu'est-ce que ce livre vous promet en échange ? Le développement de nouvelles aptitudes mentales. Votre potentiel créatif, bien sûr, va se développer, et vous serez mieux à même de faire face aux problèmes aussi bien personnels que professionnels. Mais vous développerez également d'autres aptitudes qui sont liées à celles-ci : le sens de l'initiative et la confiance en vous, notamment. Vous serez mieux à même de vous mettre à la place des autres. L'idée même que vous puissiez vous ennuyer vous semblera absurde. Et vous vous énerverez moins sur des bêtises qui vous résistent, devenu capable de trouver de nouvelles méthodes et de nouvelles solutions.

La preuve que vous serez différent avant et après la lecture de ce livre et l'entraînement qu'il vous propose, c'est le « test-retest » que vous y trouverez. Les tests de créativité, nous le verrons, sont souvent peu fiables du fait de la difficulté de la correction et de l'interprétation des résultats. En revanche, il est tout à fait facile de se tester soi-même, puis de se re-tester quelque temps plus tard sur des exercices différents mais similaires. L'écart entre les résultats est la mesure de vos progrès.

Regardez bien la figure 1.
Les barres les plus basses sont-elles plus proches ou plus éloignées que les autres ?

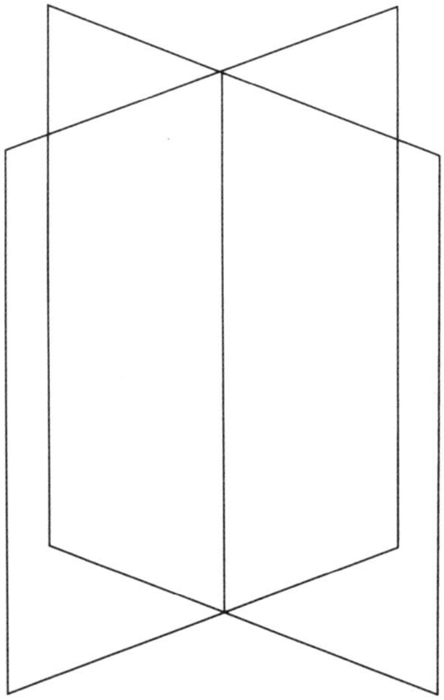

La créativité : une nécessité

Le nuage dans le ciel, regarde-le qui change.
Si tu vas, si tu demeures, tu changeras.
Ni toi, ni le passé n'ont jamais de retour,
Ton chemin même aura changé.

Yéghiché TCHARENTZ,
Les Roubayats

La créativité ne date pas d'aujourd'hui. Pourtant jamais peut-être, comme en cette aube du XXIe siècle, le monde n'a été autant engagé dans un mouvement de perpétuel renouvellement. Le changement a toujours existé, mais il s'accélère. À tel point que les réponses d'hier, on pourrait même dire les modes de pensée, ne fonctionnent plus face aux questions et aux urgences de nos sociétés actuelles. C'est ici que la créativité prend toute sa force. Non pas comme moyen d'inventer des gadgets ou de promouvoir de nouvelles formes artistiques, mais comme aptitude fondamentale et universelle de l'esprit humain lui permettant de faire face aux problèmes du monde.

Pensez que les connaissances humaines doublent tous les dix ans. L'école d'aujourd'hui enseigne aux jeunes enfants des notions qui seront dépassées quand viendra leur tour de les utiliser et d'entrer dans la vie active. Ce qui compte, dès maintenant, ce n'est plus de développer des savoir-faire mais des savoir-être. Parmi ceux-là, savoir changer, innover, s'adapter tient une place primordiale.

Plusieurs éléments entrent en jeu, favorables au développement de la créativité, d'importance diverse. On peut en citer quelques-uns.

• Grâce aux médias et au développement fulgurant des moyens de communication et de transport, notre ouverture sur le monde s'est trouvée rapidement agrandie. Chacun est informé presque en temps réel du déroulement des événements aux différents coins de la planète. En même temps que les écarts se creusent, dans ce domaine comme dans d'autres, entre les pays développés et les autres, chacun sent bien aujourd'hui que nous sommes tous « sur le même bateau » et forcément solidaires. Les grands problèmes de la planète sont connus de tous.

• Au premier rang de ceux-ci, ceux soulevés par l'écologie planétaire ne peuvent laisser personne indifférent. Que l'on parle effet de serre, gestion des déchets ou pollution industrielle, on sent bien les trésors d'imagination et d'innovation qu'il va nous falloir pour y faire face. À ces questions nouvelles (ou, plutôt, d'une nouvelle ampleur), il va falloir de nouvelles réponses, débouchant sur la mise en place de nouveaux comportements, bien au-delà des notions de frontière ou de culture.

• Dans nos sociétés se développe un mouvement allant vers davantage d'individualisme et privilégiant de nouvelles valeurs morales. Avant le sens du travail ou de la collectivité, on trouve le désir de réalisation personnelle, l'envie d'être heureux dans sa « bulle », la demande de nouvelles responsabilités ou la personnalisation des tâches. L'idéal de jouissance et de réussite gagne toutes les couches de la société. On imagine facilement comment la créativité, en tant que technique individuelle d'amélioration de son propre environnement, peut se développer sur un tel terrain.

• Le monde moderne, dans sa complexité, demande à chacun d'être capable de juger, d'analyser, d'inventer. La société, au sens large comme au sens restreint, exige désormais une bonne faculté d'adaptation, de changement, de remise en question, toutes choses intimement liées à la créativité. Quitte à laisser dans ses marges ceux ou celles qui ne courent pas assez vite.

• Les machines, par le biais de l'automatisation et de l'informatisation, prennent peu à peu des places qu'occupaient des humains. Mais la plupart des tâches supprimées étaient répétitives et mécaniques. Plutôt que de pester contre l'invasion des machines, mieux vaut se réfugier dans les espaces qui ne seront jamais les leurs. La créativité exercée quotidiennement, entretenue comme on peut entretenir sa mémoire, fait de nous des individus pleinement humains. Elle développe en nous des chemins de pensée qui feront que nous serons toujours supérieurs aux machines, fussent-elles des ordinateurs de Xe génération.

• Les entreprises, enfin, n'ont jamais été aussi avides d'idées. L'innovation est devenue un facteur clé, mais aussi un passage obligé, non pas de leur succès mais de leur simple survie. On enferme des créatifs dans des bureaux où ils sont sommés de trouver de nouvelles idées dans le domaine du marketing, de la recherche ou de l'adaptation de l'homme à son travail. À cet égard, il est intéressant de constater que l'entreprise est en passe de se réconcilier avec les littéraires.

Car n'oublions pas enfin que si la créativité est indispensable, c'est parce qu'elle est aptitude à voir d'un autre œil. Par là, elle débouche rapidement sur l'humour ou sur la poésie. Être instrument essentiel du changement et aptitude fondamentale de l'esprit humain ne lui ôte nullement sa caractéristique foncière : elle est jeu et jouissance. Elle offre à chacun la possibilité de se prendre en charge, de changer, tout en assumant sa part du changement de la société. L'individu créatif est libre de ses pensées, actif, responsable. Il préfigure la société de demain.

> **Regardez bien cette figure 2 :**
> **De combien le segment AB est-il plus long que le segment BC ?**

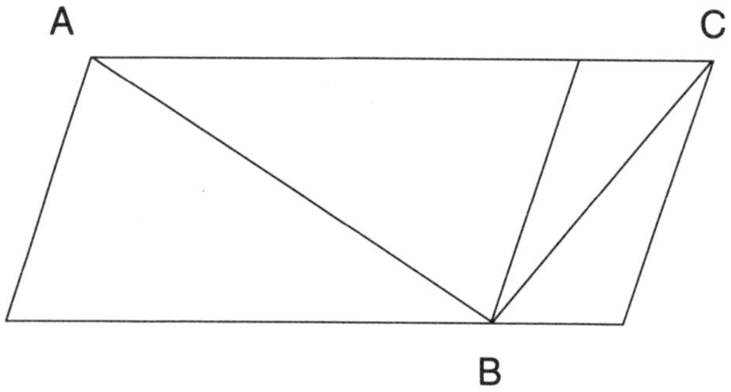

TEST 1

La créativité peut être entraînée. Ce livre, si vous le lisez de la première ligne à la dernière en faisant tous les exercices proposés, va vous permettre de développer votre propre créativité. C'est ce à quoi nous nous engageons. Si vous le souhaitez, nous pouvons vous en apporter la preuve. Pour vous rendre compte vous-même de vos progrès, nous vous proposons de jouer avec nous. Testez votre niveau de production créative. À la fin du livre, retestez-vous sur des épreuves similaires. Vous n'aurez plus qu'à comparer les résultats.

Dans ce plan expérimental classique de test-retest, on ne mesure pas directement votre créativité. On se contente de comparer ce qu'elle est à un moment t_1 avec ce qu'elle est à un autre moment t_2. Mesurer votre créativité dans l'absolu présenterait des difficultés insurmontables dans un tel ouvrage. Vous comprendrez pourquoi en lisant le chapitre consacré à la mesure de la créativité. En revanche, il est tout à fait possible de concevoir un test qui vous permette d'évaluer dans quelle mesure l'entraînement proposé dans ce livre vous a fait faire des progrès. C'est ce que nous avons fait.

Ce test est bien sûr imparfait puisqu'il ne peut mesurer l'originalité de vos réponses. Mais il peut facilement en mesurer le nombre. Ce qui est déjà un indicateur important de la fluidité de votre imagination.

Pour passer le test

– Prenez des feuilles de papier sur lesquelles vous noterez vos réponses.

– Munissez-vous d'un chronomètre : chaque épreuve se passe en temps limité.

– Le test se compose de huit épreuves indépendantes et successives. Vous disposez de *deux minutes* pour répondre à chaque épreuve : n'arrêtez pas de réfléchir avant la fin de ce temps, mais ne débordez pas non plus.

– Fournissez le plus de réponses possible, sans vous limiter aux réponses raisonnables ou banales.

Prêt ? Allons-y…

1. Citez le plus possible d'objets coupants (qui peuvent couper).

⏲ 2 minutes

2. Citez tout ce que l'on peut faire avec une boîte de conserve vide.

⏲ 2 minutes

3. En quoi se ressemblent une barque et une voiture (citez un maximum de similitudes) ?

⏲ 2 minutes

4. Faites une liste de tous les objets que vous connaissez qui sont à la fois roses et doux.

⏲ 2 minutes

5. Faites la liste des différents critères qui permettent d'ordonner (regrouper, classer) les malades d'un hôpital.

⏲ 2 minutes

6. Supposons que l'homme puisse désormais espérer vivre jusqu'à l'âge de trois cents ans. Faites la liste de toutes les conséquences qui découleraient d'un tel événement.

⏲ 2 minutes

7. Une douche, quoi de plus banal ? Faites la liste de toutes les façons nouvelles que vous pourriez imaginer pour l'améliorer d'une manière ou d'une autre.

⏲ 2 minutes

8. À quoi ce dessin vous fait-il penser ? Faites la liste de tout ce qu'il pourrait représenter (vous pouvez l'orienter dans le sens que vous voulez).

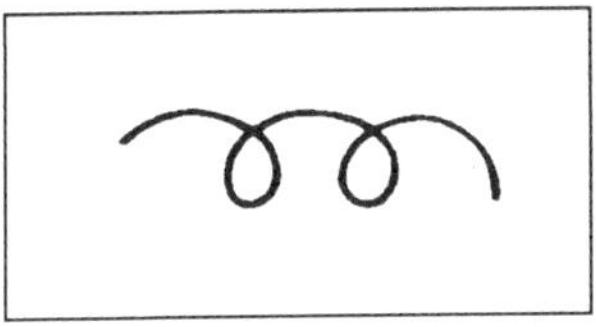

⏲ 2 minutes

Ce test est terminé. Sa correction est simple.

– Relisez vos réponses et supprimez celles qui ne répondent pas à la consigne. Par exemple, si vous avez proposé d'améliorer la douche en mettant un jet à débit variable, cela n'est pas conforme avec la consigne qui exigeait des idées nouvelles, donc pas encore sur le marché. À l'épreuve 4, tous les objets cités doivent être effectivement roses et doux. Etc.

– Comptez le nombre de réponses fournies à chaque épreuve, puis le nombre total de réponses.

– Pour les épreuves 2, 6 et 7, vous allez vous donner une note de flexibilité. La flexibilité correspond à la variété des réponses. Vous avez autant de points en flexibilité que vous avez de catégories de réponses.

Exemple de l'épreuve 2 :

Les réponses du type : « S'en servir comme vase » ou « S'en servir pour ranger les pinceaux » appartiennent à la même catégorie (en faire un contenant). En revanche, des réponses du type : « S'en servir dans un jeu de "chamboule-tout" ou « En fondre le métal pour le récupérer » appartiennent à des catégories différentes. Faites ensuite le total de vos points de flexibilité (donc le nombre total de catégories utilisées).

– Vous obtenez donc finalement une note en fluidité (nombre de réponses) et une note de flexibilité (variété des réponses). Un autre critère important en créativité est l'originalité des réponses, mais celle-ci ne peut s'estimer qu'en comparaison avec un groupe-contrôle (l'originalité d'une réponse est alors proportionnelle à sa rareté). Impossible de la noter ici, mais vous pourrez en revanche voir, après le post-test, si vos réponses vous semblent ou non plus recherchées.

– Gardez ce test afin de pouvoir comparer vos réponses avec celles que vous obtiendrez au test 2 en fin d'ouvrage.

DEUXIÈME PARTIE

Qu'est-ce que la créativité ?

PETITE HISTOIRE DE LA CRÉATIVITÉ

L'humanité n'a pas attendu le concept de créativité pour avoir des idées. Aussi loin que remonte l'aventure humaine, ce sont des découvertes successives, glorieuses ou ignorées, encensées ou punies pour leur audace, qui ont façonné le monde et fait nos sociétés telles qu'elles sont aujourd'hui. On cite traditionnellement quelques découvertes qui ont changé la face du monde, comme la domestication du feu, l'invention de la roue, de l'imprimerie, du papier-monnaie, de la machine à vapeur ou, plus récemment, de l'ordinateur. Mais combien de découvertes plus humbles dues à des inconnus n'en sont pas moins illustres ? Regardez autour de vous, voyez les objets qui vous entourent et dites-vous qu'un homme, un jour, en eut l'idée…

Certaines civilisations anciennes, comme la civilisation inca ou la civilisation grecque, avaient déjà mis au point de nombreux procédés et découvertes qui furent ensuite perdus et durent être réinventés pour s'intégrer dans le développement d'une autre civilisation (comme le calendrier, par exemple). Il faut dire que rares sont les sociétés traditionnelles (ou modernes…) ouvertes aux idées neuves. La plupart sont si fermées sur leurs traditions que l'on risque sa peau à remettre en question ce que l'on croyait acquis.

Si l'idée et l'imagination sont vieilles comme l'homme, et rarement bien vues, le concept de créativité, lui, est relativement récent. Dès lors il ne s'agit plus, dans notre société efficace, d'attendre que les idées surviennent, mais d'étudier le mécanisme de leur survenue afin de la favoriser au maximum. Remarquons que cela correspond bien en propre à notre société industrielle : avoir développé des techniques de créativité visant à faire passer la création d'idées de l'artisanat à la production de masse. Comme disait Alain :

Il n'est pas difficile d'avoir une idée ;
le difficile, c'est de les avoir toutes.

Plusieurs courants de pensée ont précédé et préparé le développement de l'intérêt porté à la créativité. Quand nous écrivons *intérêt,* il faut entendre *passion,* car aujourd'hui il n'est pas un secteur de nos sociétés modernes qui ne soit touché par la vague de l'innovation obligatoire.

Parmi ces courants de pensée, il faut citer d'abord le **courant expérimental**. Comme l'expose Claude Bernard dans son ouvrage de référence (*Introduction à l'étude de la médecine expérimentale*), toute découverte, pour être validée, doit pouvoir être reproduite. Un second chercheur, dans les mêmes conditions d'expérience et manipulant les mêmes variables que le premier, doit aboutir à un résultat semblable. Donc les mêmes causes produisent les mêmes effets et il faut supprimer autant que faire se peut l'influence, sur les résultats, de la subjectivité et de la personnalité de l'expérimentateur. Notons en passant que c'est sur ces critères que la communauté scientifique dans son ensemble refuse toujours de considérer la créativité, la psychanalyse ou l'homéopathie comme un champ scientifique de recherche. Ce qui n'empêche pas la société, qui n'en est pas à une contradiction près, de rembourser, par le biais de sa Sécurité sociale, des médicaments ou des thérapies dont l'efficacité n'a jamais été expliquée ou prouvée scientifiquement.

Un second courant de pensée se développe presque en parallèle : celui de la **psychanalyse**, puis de la **psychologie humaniste**. Grâce à Freud, on découvre le rôle primordial de l'inconscient dans les comportements humains et les ressources inouïes de ce continent inexploré. La psychologie, de son côté, répand ses concepts et descend dans la rue. Aux États-Unis notamment, se développent de nombreuses écoles de psychothérapie visant à apporter un mieux-être. On ne fait pas de théorie : on réunit des gens en groupe de thérapie et on tente de les soulager de leur névrose. Le subjectif s'impose en force.

La créativité, qui va naître à la croisée de ces deux chemins, va tenter de réconcilier les tenants de la raison et ceux de l'imagination, les partisans de la logique et ceux qui n'en ont cure, les chercheurs et les praticiens.

La période et le lieu où elle fait son apparition ne sont pas anodins : nous sommes dans la période 1940-1950, aux États-Unis. La période est celle de la guerre. Elle entraîne de gigantesques bouleversements sociaux et la nécessité de découvertes urgentes. Il va falloir créer et s'adapter pour survivre. Mais ces temps troublés vont également entraîner un relâchement de la pression des normes et des habitudes, permettant ainsi la mise en place rapide de nouveaux comportements. Cette période, ainsi que la décennie qui va suivre, est aussi celle de l'accélération du mouvement social. La société change de plus en plus vite, et il faut changer avec elle. Enfin, les sciences humaines se sont répandues et essaiment désormais dans toutes les directions, envahissant le champ social.

Ajoutons que les précurseurs américains dans le domaine de la créativité ne se sont pas encombrés de théorie comme nous aurions pu le faire. Ils ont considéré le cerveau comme une boîte noire. À partir de là, ils ont développé des méthodes visant à faire entrer des informations ou des méthodes dans cette boîte noire et à en faire ressortir des idées. Cela marchait : les individus, individuellement ou en groupe, se servaient plus efficacement de leur imagination. Ces précurseurs n'étaient généralement pas des universitaires, mais des psychologues soucieux de répondre aux problèmes de la société ou de l'entreprise. Ils ont donc mis au point des méthodes empiriques et efficaces, qui se sont peu à peu différenciées et théorisées par la suite. Ces travaux ont en commun de se soucier davantage du « Comment ça marche ? » que du « Pourquoi ça marche ? »

Nous n'entrerons pas dans le détail de ces travaux, mais il est bon de connaître au moins les noms d'Osborn (qui développa dès 1935 le concept de « brainstorming ») et de Gordon (qui mit au point « la synectique » en 1961). Le terme de « créativité » lui-même est introduit dans le langage scientifique par Guilford, qui l'emploie dès 1950 dans une allocution à un colloque de psychologie aux États-Unis. Dès ce jour, Guilford développe les deux principes fondamentaux :

– **tout le monde possède une aptitude à créer ;**

– **la créativité peut être développée et faire l'objet d'un apprentissage.**

C'est à partir des années 60 que ces concepts vont gagner l'Europe et la France. Ils vont avoir un grand retentissement car, là aussi, la créativité et le développement des nouveautés sont devenus une nécessité économique et sociale. Depuis le début des années 70, les méthodes de créativité ont gagné toutes les strates de l'entreprise et de la fonction publique. On ne compte plus les ouvrages, les colloques, les groupes de formation, les séminaires et les cabinets de conseils qui axent leurs interventions sur ce thème. On développe les groupes de réflexion et les cadres sont envoyés en formation. La créativité est à la mode et cet engouement balaie rapidement les réticences.

Finalement, les universitaires français vont également se pencher sur ces concepts et leur donner une nouvelle validation. Ils découvrent que la créativité n'est pas à l'opposé de la logique ou de la raison. Elle ne rejette pas la méthode expérimentale. Mais elle « réintègre » à ces modèles la dimension imaginative qui lui faisait défaut. Grâce aux méthodes de la créativité, la « découverte » (de l'idée, du moyen, de l'hypothèse, etc.) se fait plus rapidement et plus efficacement. Cela débouche sur de nouvelles définitions de l'intelligence : celle-ci n'est plus seulement définie comme une « aptitude à résoudre rapidement des problèmes logiques » mais intègre désormais une dimension que Guilford a nommée « divergence » et qui est tout simplement la capacité à produire un grand nombre et une grande variété d'idées.

Vous êtes sans arrêt sollicités par des slogans publicitaires destinés à faire acheter tel ou tel produit. Chaque fois désormais que vous en croisez un (télévision, radio, magazines, affiches, etc.), efforcez-vous d'inventer des contre-slogans, plagiant le vrai, destinés à éloigner les consommateurs du produit.

Vous êtes journaliste au journal *Libération,* chargé de la rédaction des « Une » (gros titres de la première page). Trouvez-en trois différentes pour chacun des événements suivants :

- le réveil des volcans auvergnats ;
- le mariage du prince de Monaco ;
- la première greffe du cerveau.

DÉFINITIONS DE LA CRÉATIVITÉ

L'invention est la faculté
de mener à bien une entreprise.

Irène JOLIOT-CURIE

Nous mettons le mot « définitions » au pluriel, car il est impossible de résumer tout ce que recouvre la créativité en une seule phrase lapidaire. Du plus simple au plus complexe, c'est-à-dire en allant progressivement au fond des choses, on peut dire que la créativité est à la fois une méthode, une aptitude humaine et un processus mental.

La créativité est une méthode

Ou plutôt une quantité de méthodes, mises au point au cours des quarante dernières années, comme nous l'avons vu précédemment. Ces « recettes », développées principalement par des psychologues et des conseils en entreprises, sont maintenant mises à la disposition de chacun. Conçues souvent de manière empirique, elles ont abondamment fait leurs preuves depuis : elles permettent à chacun de développer son aptitude à créer. Pourtant cette notion de méthode n'explique rien, et certainement pas ce qui se passe dans le cerveau pour qu'il produise des idées.

La créativité est une aptitude

Le créateur n'est pas seulement un être doué : c'est un homme qui a su ordonner en vue de leur fin tout un faisceau d'activités dont l'œuvre d'art est le résultat.

MATISSE

Aptitude à créer, sans doute, mais qui se différencie pourtant des processus en marche dans la découverte, la création ou l'invention. Comme la création, la créativité n'est pas un processus linéaire que l'on peut expliquer simplement. Créer ne peut se réduire à un travail de réflexion ou d'élaboration.

Même les trois termes de **découverte**, **création** et **invention** peuvent être distingués. On découvre une île déserte, on crée une œuvre d'art, on invente une nouvelle technologie. Ce que l'on découvre existait déjà, mais était inconnu jusque-là. L'invention a une histoire et suit un processus complexe et souvent collectif : elle a des antécédents et dérive d'une technique. La création, elle, semble surgie du néant (cela n'est qu'une apparence, comme le confirme Matisse dans la phrase ci-dessus) ; elle est à la fois nouvelle et personnelle.

Mais ces distinctions, fines et souvent difficiles à effectuer, ne font guère avancer notre compréhension du problème. Dans tous les cas, créer implique que l'on suspende un temps ses capacités de jugement. La création ou l'invention consistent à créer quelque chose de nouveau qui, d'une façon ou d'une autre, n'existait pas auparavant sous cette forme-là. On voit apparaître ici la notion de *don* ou d'*artiste.*

En revanche, la créativité consiste à découvrir, à dévoiler ce qui était caché, même si cela n'existait pas auparavant. Cette aptitude se définit en fonction d'un contexte et vise généralement une réalité concrète. La créativité vise à la production d'idées nouvelles et applicables dans un environnement donné. On voit que, alors que la création est une donnée intra-individuelle, comme le don, la créativité, elle, intervient dans la relation homme-extérieur. On peut dire, comme Albric (1984) : *La créativité est le processus par lequel un individu ou un groupe, placé dans une situation donnée, élabore un produit nouveau ou original adapté aux contraintes et aux finalités de la situation.* Le terme « produit » est à prendre ici dans son acception la plus large, les idées devenant des produits dès l'instant où on les applique. Le terme de « processus » recouvre encore aujourd'hui une opération mentale bien étrange, l'imagination créative en action, qui est loin d'avoir livré tous ses secrets.

Cette aptitude à élaborer des produits nouveaux et valables est plus ou moins présente chez chacun de nous : ce qui signifie que nous sommes plus ou moins créatifs. Plus finement, on peut dire que les plus créatifs d'entre nous sont ceux qui possèdent l'aptitude à produire beaucoup d'idées différentes entre elles et différentes de celles que d'autres pourraient produire. Ou encore ceux qui savent à la fois lâcher la bride à leur imagination la plus vaste et tenir compte des impératifs de la réalité.

La créativité est un processus mental

La créativité est ce processus qui a pour résultat une œuvre personnelle, acceptée comme utile et satisfaisante pour un groupe social à un point quelconque du temps.

STEIN

L'individu créatif voit les mêmes choses que tout le monde. Il a à sa disposition les mêmes informations. Mais il en fait autre chose, car il pense autrement. C'est ce processus de pensée qui est à l'œuvre dans la créativité.

Contrairement à ce que certains ont pensé, la créativité ne se limite pas à un mécanisme de **production-sélection** : on produit un maximum d'idées ou de mots sur un thème donné, puis on les passe au filtre des critiques successives jusqu'à ne garder que les meilleures. Cette production variée est importante, mais elle n'est pas seule en cause.

Elle s'accompagne d'un autre mécanisme, la « **bissociation** ». Ce terme a été forgé par Arthur Koestler dans son ouvrage *Le Cri d'Archimède*. Le processus fondamental de la créativité réside, selon Koestler, dans une superposition instantanée de deux plans de référence habituellement éloignés. Un « plan de référence » est constitué d'un ensemble de connaissances ou de notions tournant autour d'un objet donné. Par exemple, tout ce qui concerne une montre et tout ce qui concerne un ciel nocturne sont deux plans sans rapport entre eux. Mais on peut les rapprocher : la pleine lune brille comme le boîtier d'une montre en argent et le nuage qui passe devant elle devient le coton qu'un « soigneux horloger » passe sur ce boîtier. On obtient ainsi la métaphore poétique (celle que nous citons ici est due à Edmond Rostand, dans *Cyrano de Bergerac*).

Ce processus de la « bissociation » se retrouve, outre la poésie, dans l'invention scientifique ou technique. Soudain, à la faveur de circonstances particulières, la **rencontre** se produit, dans l'esprit d'un créateur, **entre deux plans distincts**. Gutenberg « superpose » le pressoir à vis et le tampon encreur pour imaginer l'imprimerie. Le physicien Niels Bohr « superpose » le système solaire et l'infiniment petit pour proposer le premier modèle de structure de l'atome. Il se retrouve aussi dans l'humour. Koestler donne l'exemple suivant :

• Un jeune officier de la Belle Époque essayait d'obtenir les faveurs d'une courtisane. Celle-ci lui expliqua que son cœur n'était pas libre, à quoi le soupirant répondit : « Mademoiselle, je ne visais pas si haut ! »

On voit que l'humour de la réplique tient au fait que l'on a rapproché deux plans : le plan métaphorique (le cœur est le siège des sentiments) et le plan physique.

Cette **superposition de deux plans** fonctionne en permanence, par exemple dans la lecture des *Fables* de La Fontaine. Humour, poésie, invention, c'est toujours la « bissociation » qui est à l'œuvre.

La définition de la créativité devient alors différente. Elle serait la conséquence d'un **double processus mental**:

– la **dissociation**, qui permet de se dégager des façons routinières de penser ;

– l'**association**, qui entraîne la création de nouvelles relations entre des faits habituellement éloignés.

Ainsi l'esprit créatif est celui qui est capable de se dégager des structures acquises pour prendre le risque de recombiner et de rapprocher ce que l'habitude sépare.

> Changez votre regard : Prenez l'habitude de regarder ce qui n'est pas figuratif (nuages, formes, taches, etc.) en vous demandant chaque fois ce que cela évoque pour vous.
> Imaginez dix autres usages possibles pour un rouleau à peindre les murs.

QUI EST CRÉATIF ?

Tous les hommes ont une orientation positive.
Carl ROGERS

La créativité est une disposition naturelle qui existe à l'état latent chez tous les individus et à tous les âges. Liée à l'imagination et à l'information, elle est étroitement dépendante du milieu socioculturel et a besoin, pour se manifester, de conditions psycho-affectives favorables.
Norbert SILLAMY, *Dictionnaire de la Psychologie*

De nombreuses études ont cherché à mettre en relation la capacité à créer avec d'autres variables de l'individu : son âge, son milieu social ou culturel, son sexe, son intelligence ou sa personnalité. Beaucoup de ces recherches n'ont pas abouti à des résultats très contrastés, ou bien se contredisent, mais certaines fournissent des éléments de réflexion très intéressants.

Le résultat des recherches

Les **hommes** sont-ils plus créatifs que les **femmes** (ou l'inverse) ? Aucun résultat à ce jour ne peut vraiment fournir une réponse fiable. Si la plupart des « inventeurs » et des grands savants de l'histoire ont été des hommes, rien ne prouve que cela soit dû à leur sexe lui-même plutôt qu'aux privilèges que celui-ci leur apportait dans la société. Face à des tests de créativité, des groupes d'hommes et de femmes appariés sur les autres critères (mêmes tranches d'âge, secteurs d'activité, milieux, etc.) ne se différencient pas véritablement. Lorsqu'un écart apparaît, par exemple dans un groupe d'étudiants pris au hasard (étude citée par Osborn), il est en faveur des femmes. Celles-ci semblent à la fois produire davantage et leurs réponses font preuve de plus d'originalité. Les femmes ont jusqu'ici eu peu l'occasion de manifester leur créativité en dehors du foyer familial. Mais comme elles possèdent cette capacité au même titre que les hommes, on peut déjà prédire que, avec l'évolution de la société, les productions remarquables dues à des femmes vont se multiplier.

Les recherches sur l'évolution du **potentiel créatif chez l'adulte en fonction de son âge** ne donnent pas grand-chose non plus. Il semble que, là comme ailleurs, ce ne soit pas directement l'âge qui joue mais une variable intermédiaire que l'on pourrait définir comme la capacité à rester « dans le coup » et à se remettre en question. Face à ce critère, certains jeunes sont déjà vieux, piégés par leur désir de s'installer sur des rails et de n'en pas bouger, quand des plus âgés évoluent sans peur tout au long de leur existence. Être créatif demande aussi une grande culture et de l'expérience, atouts qui compensent, si besoin est, la plus grande imagination de la jeunesse. L'âge freine la créativité de ceux qui deviennent victimes de leurs habitudes et dont les façons de penser se rigidifient, mais ce devenir n'est nullement inéluctable ! La capacité de mémorisation diminue nettement avec l'âge, mais elle n'influe pas sur la capacité créative: nombre d'inventeurs et d'écrivains ont continué à travailler jusqu'à un âge très avancé. À l'inverse, certains « petits génies » semblent avoir tout donné très jeunes et n'être plus capables, ensuite, de fournir le travail nécessaire pour confirmer leur don.

La **créativité chez les enfants** est une question différente sur laquelle nous aurons l'occasion de revenir. Tous les petits enfants ont une imagination débordante. Ils compensent leur non-savoir par une capacité d'invention intarissable. Ne faisant pas toujours la part entre l'histoire et la réalité, ils s'inventent des scénarios, dans lesquels ils s'immergent totalement, et auxquels ils finissent par croire. Non seulement inventer, créer, est naturel à l'enfant, mais cela répond à un besoin fondamental. L'entrée dans le circuit scolaire, associée au développement d'un besoin de conformisme social, va vite mettre de l'ordre dans tout cela. Entre cinq et huit ans, toutes les maisons vont avoir le même toit rouge avec sa cheminée fumante (même si l'enfant n'est jamais sorti de sa cité HLM) et tous les bateaux ressembleront à des petits voiliers ornés d'un drapeau en haut du mât...

Néanmoins, tous les enfants ne perdent pas leur capacité imaginative. D'après des études poussées qui ont été faites, il semble que les différences de créativité d'un enfant à l'autre tiennent avant tout au type d'éducation qu'ils reçoivent. L'enfant est davantage créatif s'il vit dans une famille où il communique facilement avec son environnement, où il peut exprimer ses difficultés affectives et où ses expériences créatives sont reconnues et encouragées. Une ambiance où la liberté et l'épanouissement de l'enfant passent avant la tranquillité des parents et le respect de leur autorité. Dans ces familles, les parents font confiance à leurs enfants et les jugent capables d'effectuer leurs propres choix, même s'ils sont en contradiction. Le modèle familial susceptible de permettre à la créativité de l'enfant de se développer n'est pas unique. Pourtant on y retrouve un élément important, car fréquent : la mère est autonome financièrement et l'enfant doit souvent faire seul ses propres expériences. La mère du créatif est également beaucoup plus permissive que les autres. Elle semble moins obsédée de réussite scolaire et privilégie l'ouverture sur la vie, avec les risques que cela entraîne. Ces enfants particulièrement créatifs montrent précocement une indépendance de pensée et d'action qui tranche sur le reste de leurs camarades : ils ne « suivent » pas le groupe et semblent se moquer des modes.

Dans son ouvrage sur *Les Surdoués,* Rémy Chauvin cite une étude réalisée par Getzels et Jackson. Ces derniers se proposaient d'identifier un groupe d'étudiants ayant un niveau de créativité élevé, puis de déterminer quels étaient leurs comportements, leur sens des valeurs et leur environnement familial. Les résultats recoupent ce que nous venons d'évoquer. S'y ajoutent un esprit frondeur que tous les créatifs partagent et qui ne les fait pas particulièrement apprécier de leurs enseignants, ainsi qu'un sens de l'humour que les créatifs placent parmi les toutes premières qualités en ordre d'importance.

Les **rapports entre intelligence et créativité** ont été longuement explorés. Mais qu'est-ce que l'intelligence que mesurent les psychologues ? Pour simplifier, adoptons cette définition opérationnelle : l'intelligence est l'aptitude à trouver des relations entre des faits et à résoudre des problèmes lorsque la solution n'est pas immédiatement disponible dans le répertoire du sujet. Chez l'enfant, cette mesure de l'intelligence aboutit à un QI, ou Quotient intellectuel (abandonné peu à peu pour le QD ou Quotient de développement), qui est le rapport de son âge mental à son âge réel. On comprend facilement qu'être créatif demande un niveau minimum d'intelligence : il faut être capable d'analyser la question et de cheminer jusqu'aux réponses possibles. Mais aucune des nombreuses recherches effectuées sur les rapports entre la créativité et l'intelligence globale n'ont mis en évidence de corrélation franche entre ces deux dimensions. Intuitivement, c'est une chose que chacun sait : nous avons tous déjà rencontré des individus manifestement fort intelligents et cultivés, pourtant incapables de produire la moindre idée ou le moindre travail original. Dans le sens inverse, les choses se présentent un peu différemment et il semble qu'il ne puisse y avoir de créativité nette sans un QI relativement élevé.

Chacun se doute bien, également, qu'il n'existe pas qu'une forme d'intelligence. Or les tests d'intelligence n'ont pendant longtemps pris en compte qu'une seule dimension : celle qui permet de prédire la réussite scolaire. Ces tests ont depuis été remis en question, tellement il est apparu évident qu'ils laissaient de côté une grande part de ce que l'on peut apprendre d'important et de déterminant sur la façon qu'a un individu donné de résoudre un problème. Guilford a creusé cette notion. Il a finalement mis en évidence deux types de fonctionnement mental, qu'il a appelés, l'un, convergent, et l'autre, divergent. Or ceux qui possèdent une intelligence de type divergent sont sans conteste ceux qui présentent le plus haut niveau de créativité. Nous y reviendrons lorsque nous parlerons de la mesure de la créativité.

Les rapports entre **créativité** et **milieu socioculturel** ont également été étudiés. En ce qui concerne les enfants créatifs, il semble bien que, s'ils appartiennent aux classes sociales défavorisées, leur devenir soit plutôt sombre. S'ils ne sont pas aidés et reconnus en tant que créatifs, ils risquent de passer pour des enfants dérangeants, des « trouble-classe », comme on dit des trouble-fête, et de se retrouver rapidement en échec scolaire. Leurs farces, leurs réactions et leurs libertés par rapport à l'enseignement irritent. Brimés ou punis, ces enfants se décourageront vite et auront peu de chances de devenir des adultes créatifs.

On retrouve des mécanismes similaires chez les adultes créateurs ou créatifs. La véritable activité créative peut difficilement éclore au milieu de difficultés matérielles permanentes. Le génial poète maudit croupissant au fond de sa soupente est aujourd'hui devenu un cliché. Créer nécessite de la liberté d'esprit et du temps, donc une indépendance économique. De tout temps, les mécènes ont tenu leur rôle dans ce sens et ce n'est pas un hasard si presque tous les grands créateurs et artistes de l'histoire appartiennent à la classe bourgeoise. On pourrait imaginer que cette insertion sociale entraîne une limitation de l'inspiration. Le plus souvent, il n'en est rien. L'artiste ou le créateur se sert des matériaux qui sont à sa disposition, mais son œuvre, si elle mérite ce nom, est toujours originale et provocante face à l'ordre établi.

Dessinez les mots suivants, en fonction de ce que leur sonorité évoque pour vous :

OULANA
MAMAÏTO
BUTIBIR
KABILU
RITINI
VATOFA

Le fonctionnement imaginatif

Ma pièce est faite, je n'ai plus qu'à l'écrire.
RACINE

On a vu que l'aptitude à créer, pour s'épanouir, nécessitait à la fois de l'imagination et un sens certain des réalités. Pour Osborn, elle est une de nos capacités intellectuelles parmi quatre qui recouvrent l'ensemble de notre champ de pensée (*L'Imagination constructive*) :

1. La **capacité à « absorber »** : elle consiste à être attentif à notre environnement, à le percevoir et à le recevoir.
2. La capacité à retenir, qui est l'équivalent de la **mémoire**.
3. La capacité à raisonner : elle regroupe ce que l'on nomme habituellement l'**intelligence**, avec ses capacités d'analyse, de synthèse, de jugement, etc.
4. La **capacité créative**, celle qui nous intéresse particulièrement ici, et qui regroupe les capacités à se

représenter les situations et les problèmes, à prévoir et à produire des idées.

Osborn décrit cette dernière aptitude comme essentielle. Elle est « une puissance primordiale de l'esprit humain », ce qui le différencie pour encore longtemps des machines. Comme a dit Jules Verne, qui s'y connaissait en matière d'invention : *Ce qu'un homme est capable de concevoir, d'autres seront capables de le réaliser.*

Mais tout ce qui ressemble à de l'imaginaire ou à de l'invention ne relève pas de la créativité, loin s'en faut. Prenons l'exemple extrême des hallucinations ou des délires : ils s'appuient bien sur l'imaginaire, mais l'individu n'a aucun contrôle sur eux. L'imaginaire sert là à fuir et à protéger de la réalité.

Les fantasmes, les rêveries romantiques ou les ruminations dépressives ne relèvent pas non plus de la créativité. C'est une façon de laisser aller son esprit dans le but de produire des sensations ou de passer le temps. Mais l'imaginaire qui vagabonde reste sous la coupe des préjugés et des habitudes de pensée. Ce passe-temps permet de s'évader du quotidien, mais rarement de faire travailler son intelligence ou de modifier son environnement. Une réflexion comme : « Si seulement je pouvais gagner au Loto, je sais bien ce que je ferais… » n'a jamais procuré une augmentation de salaire à qui que ce soit ! Se faire du souci, ruminer ses ennuis ou rêver sur son écran intérieur peut donner l'illusion de l'imagination mais n'a rien à voir avec la création.

Lorsque l'imagination sert à se représenter ce que pourrait être l'avenir dans tel ou tel cas, ou bien lorsqu'elle permet de se mettre facilement à la place d'autrui, elle relève davantage d'un processus créatif. Il s'agit même là d'exercices que l'on peut vivement recommander à ceux qui souhaitent développer leur créativité. En effet, dans ce cas, l'imaginaire est dirigé dans une direction voulue et l'individu fait l'effort d'intégrer tous les éléments de la réalité dans son scénario.

Car n'oublions pas la part déterminante du réel dans l'imagination réellement créative. Dans ce cas, l'action mentale est capable de s'ouvrir aux champs d'influence extérieurs et de lâcher la bride à sa fantaisie, mais tout en fournissant un travail efficace de planification, d'élimination, de réflexion. Le créatif cherche, cherche encore, modifie, avance, améliore, prévoit. Il se met dans les conditions mentales propices à la survenue de « l'illumination ». Il doit, *pour retrouver la fraîcheur d'âme et la spontanéité de l'enfance, apprendre à s'affranchir de ses connaissances et, plus encore, de ses répressions et refoulements ; accepter d'être soi, c'est-à-dire différent des autres* (Sillamy).

Se servir de son imagination pour se mettre à la place de l'autre.

Quelles idées auriez-vous sur la conjoncture actuelle ou quelle image vous feriez-vous du monde si vous étiez…

- un paysan éthiopien ;
- un enfant de sept ans ;
- une étudiante iranienne ;
- un milliardaire américain centenaire ?

L'ingénieur, l'ingénieux et le génie

Le génie n'est qu'une longue patience.
BUFFON

À eux trois, ces personnages permettent d'élaborer simplement une sorte de typologie des différentes façons de créer. Chacun, dans sa façon d'être, forcément géniale ou un peu plus quotidienne, se rapproche de l'un ou de l'autre type. Nous allons les passer en revue et vous reconnaîtrez au passage le créatif tel que nous le présentons dans cet ouvrage.

Un individu de type « **ingénieur** » (le diplôme ne fait rien à l'affaire) possède une technique qu'il a longuement apprise. Il possède un savoir dans son domaine que personne ne lui conteste. Il connaît les principes qui régissent les lois physiques. Donc il agit dans un cadre précis. Sa capacité créative est orientée vers un but, auquel il applique un arsenal de moyens, arsenal large mais fini et sans surprise. Il peut avoir des idées, mais en fonction de cet ensemble théorique et pratique formé de tout ce qu'il a appris. En somme, il est limité par ses connaissances autant qu'elles lui servent.

L'**ingénieux**, lui, ne s'appuie pas sur un savoir (donc un avoir) mais sur une façon d'être. Appliquant cette façon d'être à toutes les situations, il se sent capable de se sortir de tout. Il sait faire face à toutes sortes de difficultés pratiques en « réorganisant » le monde pour en tirer une solution. Sur le plan pratique comme sur le plan relationnel, il est capable de « faire feu de tout bois », sortant facilement des schémas de pensée habituels. Il sait tirer au mieux parti de tous les éléments dont il dispose à un instant donné et dans un lieu donné. L'ingénieux est à rapprocher du bricoleur, qui garde des objets pour les utiliser dans une fonction tout à fait différente de leur fonction primitive (l'ingénieur, lui, les réparerait !).

Le **génie**, pour sa part, se démarque des deux précédents dans la mesure où il n'est pas « in ». Sa démarche ne se revendique pas appliquée ou pratique. Le génie synthétise les deux types précédents en ce que :

– d'une part, il a une façon de voir et une façon de faire et non un savoir : il est donc du domaine de l'être plutôt que de l'avoir ;

– d'autre part, pour originale que soit cette façon de voir, il n'en a qu'une, à laquelle il s'est assujetti (ceci est essentiellement vrai des artistes).

Alors, lequel est notre créatif ? Si vous n'êtes pas sûr de votre choix, l'étymologie des trois mots que nous avons utilisés vous fournira la réponse. Car nous avons joué volontairement sur des mots de consonance semblable, mais leur origine ne l'est pas, et leur signification non plus.

Ingénieur : en ancien français, s'écrivait « engeigneur », du mot « engin » = machine de guerre. Donc l'ingénieur est celui qui sait se servir des machines.

Ingénieux : le mot vient du latin « ingeniosus », qui signifie « qui a l'esprit inventif ». Voilà notre créatif.

Génie : le mot vient du latin « genius », qui désigne, au sens propre, une divinité tutélaire, au sens figuré, une inclinaison ou un talent. Le génie ne saurait être partagé par tous.

Trouvez une définition pour les mots suivants, en fonction de ce que leur sonorité évoque pour vous :

KIKITORI
MAMOLO
TOULOUVIR
LILUNU
RAVICRO
POURNA

La personnalité du créatif

L'individu réellement créatif est celui
qui possède en lui-même les qualités nécessaires
pour passer de la créativité à la création.

NEUVEILLE

C'est dans ce domaine que les recherches des psychologues ont fourni les résultats les plus significatifs et les plus probants. La question fondamentale est bien : Si chacun est potentiellement créatif, pourquoi, dans les mêmes conditions apparentes, certains deviennent-ils des créateurs et d'autres non ? La réponse réside dans la personnalité des créatifs. Ils possèdent des caractéristiques, des fonctions psychologiques qui n'existent pas chez les non-créatifs, et qui sont les traits qu'il faut viser à développer.

Il est désormais possible de se faire une idée claire de ce que sont et ne sont pas le caractère et la personnalité de ceux qui ont su garder, malgré l'école et les pressions de toutes sortes, une grande capacité créative. Les voici résumés.

Ce que les créatifs ne sont pas :

- conformistes
- apathiques
- ternes
- routiniers
- trop spécialisés
- hyper-rationnels
- démotivés ou blasés
- rigides
- uniquement dans le court terme
- critiques envers la nouveauté
- excessivement respectueux des règles et règlements, des supérieurs hiérarchiques et des maîtres à penser
- craintifs de se tromper

Ce que les créatifs sont :

- entreprenants
- aimant prendre des risques
- indépendants dans leurs jugements
- ouverts
- originaux
- adaptables et flexibles
- sensibles aux problèmes
- sensibles à l'esthétique
- intuitifs
- empathiques
- capables d'autocritique
- pertinents
- aptes aussi bien à l'analyse qu'à la synthèse
- dotés d'un solide sens de l'humour
- curieux de tout
- soucieux des réalisations concrètes
- disponibles à la nouveauté et au changement
- appréciant la complexité, le désordre, le déséquilibre et la surprise

LES RISQUES DE LA CRÉATIVITÉ

À vouloir créer, à vouloir changer ce qui existe, on prend bien évidemment des risques.

Un premier risque qui vient à l'esprit est celui de se tromper. La crainte de l'**erreur** est d'ailleurs souvent un frein à l'innovation. Mais ce risque est à la fois indispensable et minime. Non parce que l'on se trompe rarement, mais, au contraire, parce qu'il faut se tromper souvent avant de réussir. Tous ceux qui travaillent dans les domaines de la recherche savent bien que tout échec est une réussite en ce qu'il permet d'éliminer des hypothèses fausses. C'est en se trompant que l'on progresse, et seulement comme cela. Ce n'est malheureusement pas ce que l'on apprend aux enfants des écoles. On flatte celui qui a réussi parfaitement son problème, alors que celui-là n'a rien appris de cet exercice. Alors que c'est de l'analyse minutieuse du type d'erreur de chacun que peut venir une vraie compréhension du type de travail. C'est grâce à l'erreur de l'enfant que l'on découvre ce qui était mal assimilé et qui va devoir être retravaillé. Le système essai-erreur est à l'évidence celui qui fait avancer. Quel enseignant est capable de dire couramment : « C'est bien que tu te sois trompé à cet endroit ; ainsi j'ai pu comprendre sur quel point de la leçon je vais devoir revenir avec toi » ? Et quel enfant comprendra qu'il a eu de la chance, ce jour-là, de tomber sur ce qu'il ne savait pas, même si le prix à payer est une mauvaise note ?

Ne craignez pas de vous tromper : c'est la seule façon d'avancer.

Un second risque guette les créatifs : **ne plus être capable**, à force de planer, **de revenir sur terre**. Chercher, de toutes ses forces, implique parfois une immersion totale dans son problème. On devient comme habité de l'intérieur. On mange avec ses hypothèses, on s'endort avec ses doutes, on se réveille avec de nouvelles idées à essayer. Pour laisser la possibilité à l'intuition de se manifester, on se place souvent dans un état second de réceptivité qui laisse peu de place aux contingences matérielles. Qui ne connaît, au moins par la littérature, les affres des compagnes (plus rarement, des compagnons) des créateurs et des inventeurs en tout genre ? Il leur faut, pour tenir, une bonne dose de patience et d'abnégation que l'admiration seule ne peut justifier… Rappelez-vous l'histoire de Bernard Palissy, ruinant sa famille et brûlant ses meubles pour découvrir le secret des faïences émaillées… Mme Palissy a certainement connu des moments difficiles.

Certains inventeurs s'enfoncent dans leur quête jusqu'à ce qu'elle devienne pour eux une véritable obsession. Le risque principal est alors que cet imaginaire prenne tant le pas sur le réel qu'il ne débouche plus sur rien. Une rêverie permanente, complaisante et parfois morbide, ne peut plus générer une véritable création.

Un troisième **risque** qui guette le novateur est celui qu'il prend en s'opposant à l'ensemble de ses pairs, ou plus généralement **en remettant en question les règles** et les dogmes **de la société** où il vit. Il n'est pas si simple de trancher avec les habitudes ou de provoquer l'ordre établi. Sans même vouloir parler de ceux, célèbres, de Galilée aux époux Curie, qui ont payé leurs découvertes de leur santé ou de leur vie, il y a tous les autres, les obscurs, à qui il a fallu une grande force de caractère. Les premiers métiers à tisser ont été brisés par les ouvriers de la soie, car ils faisaient disparaître chacun cinq postes de travail. S'opposer aux idées en vigueur est difficile.

Chaque époque a ses modes et ses mœurs, chaque société, ses stéréotypes. Même dans des sociétés apparemment modernes, démocratiques et évoluées comme les nôtres, les pressions exercées sur chaque individu dans le sens de la conformité restent fortes. Ailleurs, à côté, la moindre critique du système en vigueur peut valoir non seulement le rejet, mais l'exclusion, voire la prison. Toute société, pour protéger sa cohérence et son devenir, refuse les remises en question et rejette ceux qui les véhiculent. Les novateurs sont souvent des précurseurs qui paient cher d'avoir raison trop tôt. Même une société consciente de vivre une époque de changement peut n'être pas mûre pour l'accepter.

• L'exemple de la France est typique à ce point de vue. Côté professionnel, le chômage touche toutes les couches de la population. Les changements techniques sont si rapides que rares sont les individus qui pourront exercer le même métier toute leur vie, rarissimes ceux qui resteront dans le même cadre ou la même entreprise. Malgré cela, on continue à former les jeunes à un métier, et un seul. S'ils ne trouvent pas un emploi correspondant à cette formation, ils se sentent perdus, rejetés, en situation d'échec. Ils ne sont pas prêts à concevoir leur vie professionnelle comme une succession d'étapes.

• Pourquoi ne pas risquer un parallèle sur le plan de la vie personnelle ? On se marie moins ou plus tard. Le taux de divorce est en constante augmentation. Les familles « monoparentales » également. Du fait de l'espérance de vie, beaucoup de femmes se retrouvent veuves avec encore devant elles de longues années de solitude. Or, à ces changements de vie non plus, nous ne sommes pas préparés. Moralement, nous sommes encore construits sur les souvenirs des contes de fées où, dans la bouche du Prince Charmant, « amour » rimait avec « toujours ». Beaucoup de femmes n'ont pas appris à compter sur elles-mêmes et sont inaptes à faire face à des changements radicaux dans leur vie personnelle. Du fait, entre autres choses, de cette inaptitude, les statistiques recouvrent de vrais drames.

Ces exemples nous montrent qu'il arrive que les habitudes de vie évoluent plus vite que les mentalités. Dans ce cas, le risque, et c'est le dernier que nous aborderons, concerne non les novateurs mais ceux qu'un changement social trop rapide laisse sur le bord de la route. Le monde actuel change, et change vite. Qu'advient-il de ceux **qui n'arrivent pas à suivre** ? Prenez le temps d'observer une personne âgée, qui veut prendre un ticket de RER, essayant de comprendre le fonctionnement du distributeur. Pensez à tous ceux que les claviers rebutent et à qui l'on dit : « Mais passez donc votre commande ou votre réservation directement sur votre Minitel ! »

La plupart des objets que nous aurons à manipuler dans dix ou vingt ans n'existent pas encore. Serons-nous capables de suivre ? Saurons-nous les utiliser ? Quelles pédagogies devront être utilisées pour que le progrès profite à tous et pas seulement aux quelques « happy few » de la croissance ?

Pour nous résumer, disons que la créativité provoque sans aucun doute des remises en cause profondes, au plan individuel comme au plan collectif. En tant que telle, elle présente donc des risques de trois types :

– risque pour le créatif qui se met (ou qui est mis) à l'écart ;

– risque pour la société qui tantôt rejette le créatif (trop dérangeant), tantôt le couve et l'exploite ;

– risque pour tous ceux qui ne peuvent suivre le rythme trop rapide de l'innovation sociale.

Malgré ces risques, il y a toujours eu des créatifs, et il y en aura toujours. **Créer est une fonction supérieure de l'esprit** que l'on ne peut étouffer. Au-delà de la crainte liée à tout ce qui vient troubler les habitudes et les modes de pensée, il existe en chacun une énergie de vivre, d'aller plus loin, de chercher encore. Le pouvoir créateur du psychisme est avant tout une force vitale où il faut trouver l'origine de la survie et du développement de l'humanité. Toute création répond à une motivation interne profonde. Le jeune enfant, nous l'avons dit, est spontanément créatif : c'est pour lui un besoin biologique lié à son développement. Il invente pour s'approprier un monde difficile à comprendre, il crée pour apprendre et pour réparer, mais il crée surtout parce que cela lui permet de réconcilier la liberté de sa vie intérieure avec les exigences et les contraintes de la réalité. Pour l'enfant comme pour l'adulte, la réalité quotidienne n'est jamais à la hauteur ou en conformité avec ce qu'il pourrait en attendre. Maman devrait être plus gentille, ma femme plus belle, mon mari plus présent, mes enfants plus précoces, mon salaire plus élevé, mon emploi plus passionnant, les hommes politiques plus compétents, le monde mieux gouverné, et ainsi de suite, sans arrêt. Cette insatisfaction permanente qui ressort de la confrontation entre le rêve intérieur et la réalité extérieure est l'un des moteurs internes de la créativité. L'individu insatisfait va vouloir changer son monde, ou changer le monde, afin de le rendre plus conforme à son désir. S'il en a l'énergie, la force vitale et la liberté, il saura faire appel à sa créativité dans ce but. « Voici comme les choses devraient être et comme je vais essayer de les rendre. »

Trouvez dix choses que l'on peut faire avec de vieux annuaires téléphoniques.

Trouvez dix façons de rendre plus agréables les salles de cinéma.

Regardez le dessin suivant : quel arc provient du cercle le plus grand ?

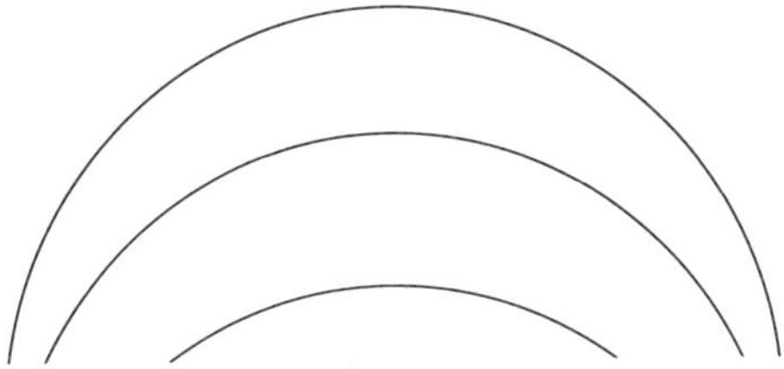

POURQUOI SOMMES-NOUS LIMITÉS DANS NOTRE CRÉATIVITÉ ?

Nous avons déjà commencé à répondre à cette question, mais il nous faut maintenant pousser plus loin notre réflexion. Cette interrogation est à la base du travail qui vous est demandé. Puisque chacun dispose au départ d'un potentiel créatif réel, celui-ci doit bien exister encore, enfoui quelque part au fond du psychisme. Pourquoi ne s'exprime-t-il pas ? Parce qu'un certain nombre d'inhibitions et de mauvaises habitudes l'en empêchent. Comment récupérer ce potentiel créatif et l'exploiter concrètement ? En analysant ces blocages afin de les supprimer un à un. Ils sont souvent utiles car ils nous facilitent la vie (toute remise en question est forcément facteur d'inconfort), mais ils empêchent de passer à la vitesse supérieure. Aussi, sans condamner l'existence de toute règle ou coutume, faut-il s'efforcer de ne pas en être trop respectueux ni d'en devenir esclave. Tous ces « guides de vie » sont bons s'ils sont connus, maîtrisés et qu'ils peuvent être mis de côté de temps à autre.

Avant tout, nous ne sommes pas plus créatifs parce que cela nous est inutile. À l'inverse, cela nous gênerait dans la plupart de nos activités. Aussi avons-nous perdu l'habitude de réfléchir sur nos actes habituels et de nous remettre en question. Le phénomène de l'urbanisation croissante de notre société a contribué à faciliter notre vie quotidienne : pas de risque vital, pas de soucis avec la météorologie. Nous avons développé des existences protégées et routinières. **Être créatif demande un effort.** Que se passe-t-il si notre vie n'offre ni la motivation ni le besoin de créer ? Nous vivons à l'économie, reproduisant chaque jour les mêmes schémas. Certains de nos comportements sont inadaptés, d'autres seraient plus efficaces, mais, l'habitude aidant, on n'y pense même pas. Depuis combien de temps ne vous êtes-vous pas demandé s'il existait une manière plus pertinente (c'est-à-dire plus économique en temps ou en argent, ou moins fatigante, ou plus agréable, ou plus efficace...) :

– de gérer vos temps de transport professionnel ;
– de faire vos courses (achats alimentaires) ;
– de régler le problème des pannes diverses ;
– de classer vos papiers personnels ;
– de prévoir et de préparer vos vacances, etc. ?

Le plus souvent, si nous ne remettons pas en question notre façon d'agir, c'est qu'il est plus rentable pour notre économie générale de n'en rien faire. L'habitude nous fait gagner un temps fou, car les choses faites automatiquement sont faites rapidement, sans que l'esprit, le plus souvent, participe à la manœuvre. Heureusement que nous pouvons conduire ou nous laver sans réellement y penser et sans tenter chaque fois de rendre la chose plus efficace ! Vouloir inventer de nouveaux comportements dans tous les domaines de notre vie nous plongerait rapidement dans un état de désordre et d'inefficacité totale.

Le problème est que ces routines finissent par nous rendre inconsciemment prisonniers de nos comportements. Guidant chaque instant de notre vie, elles nous inhibent et gênent toute velléité d'innovation. Redevenir créatif, c'est être capable de prendre conscience de ce que l'on fait habituellement sans y penser. Pouvoir changer son regard, pour voir ce que l'on avait fini par ne plus voir, est la première étape visant à réintroduire de la créativité dans sa vie quotidienne. Il s'agit d'être spectateur de soi-même. Essayez, pendant cinq minutes, d'être conscient de chacun de vos gestes, de chacune de vos pensées, sans les modifier pour autant. Vous verrez que l'exercice est difficile.

Il est aussi un élément absolument moteur sur lequel nous n'avons pas encore insisté. Il s'agit du **rôle de l'effort** dans le processus créatif. Sans aucun doute, il est plus facile :

– de se laisser bercer par la routine des jours plutôt que de tenter de l'améliorer ;

– de glisser sur les rails de sa vie professionnelle plutôt que de la remettre en question ;

– de s'appuyer sur les modes plutôt que de se demander ce que l'on aime vraiment ;

– de s'unir au consensus ou à la majorité plutôt que de prendre le risque d'être celui dont la tête dépasse ;

– de faire passer son confort manifeste avant ses exigences intérieures.

Les réalisations concrètes issues de la créativité ne varient pas tant en fonction d'un don inné qu'en fonction de l'effort, de l'énergie psychique, que chacun apporte dans sa vie. Si tant de nouveautés apparaissent en temps de guerre, c'est simplement que ces périodes, par l'urgence et la sortie obligée de la routine, mobilisent mieux que d'autres l'énergie mentale nécessaire à la créativité et fournissent des motivations très fortes.

Depuis que vous avez commencé à lire cet ouvrage, avez-vous fait sérieusement l'intégralité des exercices proposés ? Non ? Nous avons pourtant expliqué l'importance déterminante de l'entraînement. Si vous avez acheté ce livre, c'est que la motivation existe. Cet effort que nous présentons comme indispensable à toute démarche créative, c'est aussi l'effort de l'entraînement qui seul permet de déboucher sur une technique efficace. Notre contrat de départ (« Ce livre va vous rendre créatif ») n'a rien de magique. Il ne peut fonctionner que si vous prenez votre part du travail, si vous fournissez un effort.

Il n'y a pas de créativité sans exercice, sans effort et sans énergie mentale.

Il ne faut pas sous-estimer non plus les **blocages psychologiques** qui peuvent s'opposer aux tentatives de changements dans le Moi du sujet. Le Moi, tel que le décrivent les psychanalystes, est une instance partiellement consciente de la personnalité. Il se constitue progressivement au cours du développement, notamment lors des passages difficiles de l'existence, comme les conflits, par exemple. Il regroupe les motivations, les perceptions et les actions d'un individu. La fonction du Moi est de régulariser les relations du sujet avec le monde extérieur. Une fois constitué, on peut aisément comprendre que ce Moi, même souple, ait mis en place des mécanismes de défense face à ce qui lui paraîtra dangereux, comme par exemple de trop grandes remises en question ou des possibilités d'exclusion du groupe. Pour se maintenir intact, le Moi a besoin des autres, de leur amour, mais aussi de leur opinion et de leur soutien.

C'est une des raisons pour lesquelles, face à un changement nécessaire, le Moi va souvent choisir de nier l'information dérangeante plutôt que de prendre le risque du bouleversement ou de l'angoisse. C'est le choix de la tranquillité intérieure qui va maintenir l'équilibre interne et provoquer le rejet de l'inconnu ou de la différence. On trouve de multiples exemples de ce phénomène, par exemple, dans le cas d'un achat aussi important que celui d'une voiture. La personne accumule les informations et les renseignements, puis achète son véhicule pour des raisons à la fois « logiques » et affectives. Mais une fois l'achat effectué, toutes les informations négatives seront rejetées systématiquement. Si un journal publie un banc d'essai défavorable au modèle choisi, l'acheteur aura tendance à critiquer le journal plutôt que de remettre son choix en question.

Enfin, il y a le **conditionnement** énorme et inévitable **qui provient de l'éducation**. On peut reprendre ce que nous disions des habitudes : cette éducation est indispensable, pourtant elle nuit au développement, et même au simple maintien des facultés créatives. Un simple exemple : en apprenant à un enfant à peindre, ne prend-on pas le risque d'influencer définitivement la libre expression de son art ? Mais, d'un autre côté, à quoi parviendra-t-il s'il ne possède aucune technique ?

D'une manière générale, toute éducation vise à apprendre à l'enfant qu'il existe d'une part le vrai, le bon, le souhaitable, l'adapté, la bonne réponse (à une situation sociale ou à un exercice d'arithmétique), de l'autre, tout le reste. Or la vie nous apprend résolument l'inverse. La réponse n'est rien, tout est dans la question. Nous verrons dans la partie suivante l'importance de bien poser les problèmes. La vérité n'est rien, ou bien elle est partout, tant la parcelle que chacun en détient est fonction de la place où il se trouve. N'avoir qu'une idée peut même se révéler fort dangereux pour celui qui est prêt à tout pour la défendre. L'Histoire regorge d'exemples. Pour créer, pour innover, il faut savoir non pas trouver une idée, mais deux, dix, cent. Ne jamais s'arrêter à la première est une règle de base, même si, après réflexion et critique, elle se révèle avoir été la meilleure. Elle aura rarement été la plus originale ou la plus créative. Relisez les réponses que vous avez apportées aux épreuves du test 1 et vous en verrez la confirmation. Ce n'est qu'après avoir épuisé les réponses évidentes que l'on commence à inventer vraiment.

Ce travers (croire à l'unicité de la vérité ou du bien) n'est que l'un de ceux engendrés par l'éducation au sens large. Il y en a tant d'autres que cela mérite qu'on y consacre le chapitre suivant.

Faites la liste de tous les objets usuels qui pourraient être améliorés s'ils étaient souples au lieu d'être rigides.

On vous accorde une tribune de libre parole à la télévision pendant quinze minutes. Quel thème allez-vous aborder et comment le développerez-vous ?

Vous trouvez sans arrêt des voitures stationnées sur votre emplacement de parking. Inventez six moyens inusités permettant d'éviter que cette situation ne se reproduise.

LES OBSTACLES À LA CRÉATIVITÉ

On ne peut pas faire mine de cuire un pain,
on ne peut pas faire semblant de créer.
On ne fait pas non plus semblant de mettre
au monde. Où il y a grossesse, la naissance
survient au bon moment.

Willem ELSSCHOT

La façon dont notre esprit fonctionne, nous l'avons vu, est souvent en elle-même un frein à la créativité. Il est important de passer en revue la façon dont notre liberté imaginative est bloquée, car c'est de la prise de conscience, puis de la levée de ces inhibitions que résulte la libération d'une créativité étouffée. Nous verrons dans la partie suivante de cet ouvrage la manière concrète de nous entraîner à ôter certains de ces freins que nous allons ici passer en revue.

L'emprise des règles et des traditions

Les humains ont besoin de règles afin de mettre de l'ordre dans le désordre apparent du monde. Il y a bien sûr les règles indispensables à la vie en société, comme le code de la route ou les règles de conduite découlant de la loi. Mais il y a aussi toutes les règles que l'homme s'invente, puis dont il ne parvient plus que très difficilement à s'extraire. Citons, à titre d'exemples, les règles du savoir-vivre, les règles du solfège ou celles du « bon goût ». Il existe une « bonne » façon de faire les choses. Nous subissons cette règle implicite, même si elle n'est dictée que par la mode ou par la coutume qui ont varié au cours du temps.

Prenons un exemple. Il fut un temps où la règle était de ne jamais coucher les bébés sur le ventre, car cela pouvait provoquer une déformation des pieds. Puis un temps où il fut interdit de les coucher sur le dos, car ils risquaient de s'étouffer s'ils régurgitaient. On ne parlait plus des pieds. Aujourd'hui, on en est à conseiller de coucher les bébés sur le côté, mais en prenant bien garde à ce qu'ils ne roulent ni sur le dos ni sur le ventre…

Nous sommes rarement libres face aux règles. Tantôt nous sommes trop respectueux du passé et considérerions comme un sacrilège de modifier les rites. Tantôt, à l'adolescence ou en période de révolte, nous rejetons systématiquement tout ce qui s'est fait jusqu'ici. Mais une attitude comme l'autre n'est jamais « qu'en fonction de… ».

Le désordre nous est difficilement supportable. À un bout de l'échelle, les scientifiques tentent depuis l'Antiquité de trouver un ordre et un sens au monde et à l'espace, à tout ce qui nous échappe et semble relever du hasard. À l'autre bout, les parents exercent une pression éducative permanente sur les enfants pour qu'ils mangent selon les normes, rangent leurs affaires et colorient sans déborder. Parfois sans même réaliser que les choses pourraient être autrement. Or, bien souvent, il suffit de faire un pas de côté pour voir les choses apparaître sous un autre angle, neuf et judicieux. Les personnes qui sont le mieux dans leur peau, le plus épanouies, ne sont pas celles qui vivent dans un monde empli de règles préétablies. Mais plutôt celles qui ont su, face à chacun de leurs comportements, se demander s'il s'agissait bien là d'un choix personnel ou librement consenti.

Au-delà des règles légales ou sociales auxquelles tout le monde doit obéir, il est de la responsabilité et de la liberté de chacun d'établir ses propres règles concernant sa vie personnelle. L'éthique et le bon sens sont meilleurs conseillers que la tradition, la routine ou la mode.

> **Quelle règle ou quel modèle auxquels vous vous conformez d'instinct, mais sans raison, pourriez-vous aujourd'hui remettre en question ?**
>
> **Trouvez dix façons nouvelles d'améliorer une chambre d'hôpital.**

L'emprise de la logique et du raisonnable

Ici aussi, le créatif doit prendre ses distances par rapport à des modes de pensée qui sont largement valorisés dans notre société. Cela n'est pas un hasard : un esprit clair et logique est bien sûr indispensable dans nombre d'activités intellectuelles et professionnelles. Une étude scientifique ou un contrat de travail ne se contentent pas de l'ambiguïté et doivent serrer au plus près la cohérence, l'étendue et la logique de la situation.

Nous ne disons pas non plus que la créativité ne peut jaillir que de l'illogique ou de l'obscur : cela serait absurde. Pour pouvoir juger ses idées, il faut un esprit cohérent, analytique et proche du réel.

Pour trouver les moyens de les mettre en pratique, il faut pouvoir faire preuve des mêmes qualités et de suite dans les projets.

Il en est de même pour le sens pratique, indispensable à la créativité vraie, c'est-à-dire celle qui passe à l'acte, qui aboutit à un résultat tangible. C'est lui qui s'assure que l'idée est vraiment nouvelle, pertinente et applicable. La vie quotidienne et sociale, elle aussi, s'appuie largement sur le sens pratique et le bon sens. Ceux qui s'en éloignent totalement risquent d'avoir du mal à survivre ou de se complaire dans de stériles ruminations. Il faut du sens pratique pour faire la cuisine, pour projeter des vacances ou pour organiser un séminaire professionnel. Il faut être raisonnable, d'une manière générale, pour faire face à toutes les contraintes de l'existence. En revanche, pour permettre aux idées d'émerger, il faut être capable de jongler avec l'absurdité et le déraisonnable.

L'être trop raisonnable critique les nouveautés, alors que le créatif est le roi du « pourquoi pas ? » L'esprit humain est merveilleusement fait à cet égard : il peut spéculer librement sans avoir besoin de s'en tenir à la réalité. Grâce aux mots, ce support symbolique, il peut s'éloigner des choses et des contingences. Dans le réel, dans l'univers des choses – et le sens pratique raisonnable le confirme bien –, une citrouille n'est jamais qu'une citrouille. Mais ailleurs, dans l'imaginaire ou au royaume des contes, pourquoi une citrouille ne serait-elle pas carrosse ? Les jeunes enfants se meuvent à l'aise dans ce double langage. Mais, à la fin de l'éducation, il ne reste bien souvent plus dans l'esprit des jeunes adultes que le domaine du possible et de l'utilisable. Là où les nouvelles idées ne jailliront jamais.

Une intelligence qui ne valorise que la logique et le bon sens, rejetant *a priori* ce qui s'en éloigne, a beaucoup de mal à développer des idées originales. Pour créer, il faut se mettre suffisamment « en roue libre ». Dans cet état, l'esprit joue avec les mots et les plans de référence. Il pratique l'humour et la métaphore. Il se complaît dans l'ambiguïté, dans un certain flou où les références se mélangent pour que puisse jaillir l'intuition.

Pour être créatif, il faut **être curieux de tout et ne rejeter rien**. Ne pas se limiter à une foi scientifique en ce qui est logique et sûr ne veut pas dire adhérer sans recul à toutes les théories farfelues et confuses. Mais être à l'écoute de ce qui se dit et se vit ailleurs. La créativité fait feu de tout bois. Les connaissances sont si vastes aujourd'hui qu'il n'existe plus aucun Pic de La Mirandole pour prétendre les englober toutes. L'honnête homme n'est plus de mise. Mais la curiosité, si. Celle qui fait que l'on recueille des informations partout où elles sont et qu'elles viennent nourrir une réflexion globale. Nous avons dit que l'idée jaillit souvent de la superposition de plusieurs champs d'investigation. Aussi n'est-il pas bon, pour qui veut être créatif, de se limiter à sa spécialité et à son domaine d'expérimentation.

> **Quels sont les domaines sur lesquels vous refusez de vous pencher pour cause d'illogisme ou d'absurdité ?**
>
> **Trouvez six points communs entre un hamac et une paire de chaussons de danse.**

Un domaine merveilleux pour encourager ses tendances à la spéculation sans support réel est celui de la science-fiction, ou, si l'on préfère, de la plus sérieuse prospective. On part de la vision actuelle du monde, mais on y introduit un biais (le temps écoulé, par exemple, ou l'explosion d'une bombe atomique) qui fait que tout est à réinventer.

Plus simplement, c'est un jeu d'imagination auquel on peut se prêter souvent. Il consiste à provoquer son imagination avec des questions absurdes (ou pas encore d'actualité) et à tenter malgré tout d'y répondre. C'est ce que font les spécialistes qui se penchent actuellement sur les conséquences à long terme de l'effet de serre ou de la destruction de la forêt équatoriale. Entraînez-vous vous aussi à cet effort intellectuel. Vous serez surpris de la richesse de réflexion que cela révèle. Voici quelques exemples qui peuvent aussi servir d'exercices. La réflexion ne vaut que si vous la poussez dans ses lointaines conséquences et ne vous arrêtez pas aux premières évidences.

– Vous êtes coincé dans les embouteillages. Demandez-vous ce qui se passerait si, demain, l'État interdisait à tous les véhicules privés de circuler.

– Vous êtes lassé du temps pluvieux. Demandez-vous ce qui se passerait s'il ne restait définitivement plus un seul nuage autour du globe.

– Et si vous étiez demain propulsé dans la carrière de votre choix : quelle serait-elle et qu'en feriez-vous ?

Existe-t-il un domaine (peinture, informatique, piano, économie...) dont vous vous dites souvent que, si vous aviez le temps, vous aimeriez vous y plonger ? Alors, n'hésitez plus. Achetez-vous un livre ou inscrivez-vous à un cours, et foncez !

Le frein de l'autodévaluation

« Je n'y connais rien. »
« Je suis trop timide. »
« Je n'ai pas assez confiance en moi. »
« Je n'ai jamais eu de chance. »
« Je ne suis pas créatif. »
« Je crains d'être ridicule. »
« Je n'y crois pas. »
« S'il y avait une meilleure façon de faire, cela se saurait. »

Si ces phrases font partie de votre discours habituel, formulé ou intérieur, il faut que vous sachiez qu'elles ont un effet désastreux sur la libération des facultés créatrices. Pour devenir créatif, il faut avant tout y croire. **Croire en soi.** Croire que l'on a été un enfant inventif et que l'on va redevenir un adulte plein d'idées. Croire que les idées sont là et qu'il suffit de les cueillir.

À la suite de nombreuses études qui ont mis en évidence ces phénomènes d'influence de la conviction intérieure sur la performance, des psychologues ont développé une pratique qu'ils ont appelée « **la pensée positive** ».

Vous avez un projet ? Un désir ? Imaginez-les déjà réalisés, dans leurs moindres détails.

Vous allez passer un entretien d'embauche ? Soyez convaincu que vous êtes le candidat recherché : vous aurez plus de chances d'en convaincre votre interlocuteur.

Vous êtes malade ? Visualisez le combat victorieux que sont en train de mener vos anticorps pour vous sortir de là.

La méthode a fait ses preuves. Essayez-la.

À l'inverse, un comportement pessimiste, autodévaluateur ou trop effacé laisse peu de place à l'enthousiasme, à la curiosité et à l'énergie vitale que nécessitent le désir de changement et la créativité. Cela semble un peu simpliste, pourtant c'est vrai.

Pour être créatif, il faut être convaincu de l'être.

Sans aller jusqu'à se répéter, tous les matins et tous les soirs, une formule magique du type : « Je suis créatif, je suis très créatif, aujourd'hui plus qu'hier et bien moins que demain », il y a malgré tout beaucoup à apprendre de telles expériences !

Rédigez un texte accrocheur pour une petite annonce destinée à vendre :
– une arme contre les dinosaures ;
– une machine à lire dans les pensées ;
– un appareil pour s'arracher les dents soi-même.

Le frein de la critique systématique

Ce frein est le pendant du précédent. Pendant que certains usent leur énergie mentale à s'autodévaluer, d'autres font de même en critiquant tout autour d'eux. Vous les repérerez aisément : rien ne leur convient. Vous faites le projet de pique-niquer ? Ils vous assurent qu'il pleuvra. Vous voulez lancer un nouveau projet ? Ils vous mettent en garde contre les risques d'échec. Il fait froid ? Il fait *trop* froid ! Chaud ? *Trop* chaud ! Ils vous affirment pêle-mêle que le cinéma est sur la mauvaise pente, qu'il n'existe plus de bons romanciers, que les abricots n'ont plus de saveur et que l'avenir est en tout point compromis. Ce jugement perpétuellement négatif ne laisse aucune place à la créativité : l'idée est auscultée, critiquée puis rejetée avant même d'avoir complètement vu le jour.

Si vous vivez près de l'un de ces rabat-joie, prenez garde à ne pas trop le consulter ou à ne pas vous laisser influencer. Si c'est vous-même que vous retrouvez dans ce portrait, alors faites un gros effort sur vous-même. Se plaindre n'a jamais fait avancer les choses. Le constat sans l'action est du temps perdu. La créativité a besoin, pour s'épanouir, justement de l'inverse : de l'élan, de la joie de vivre, de l'enthousiasme, de l'honneur et de la prise de distance face aux difficultés.

Pour être créatif, il faut avoir gardé en soi une part d'enfance. C'est dire qu'il faut avoir gardé le sens du jeu et de la gratuité. Si vous travaillez ou vivez dans une ambiance détendue, entouré de gens avec qui vous vous entendez bien, les idées trouveront plus facilement leur chemin.

Repérez, au cours de la journée, tout ce qui, dans votre langage, ressemble à une plainte ou à une critique. Attention : cela demande une prise de conscience très attentive. Puis, jour après jour, veillez à en diminuer le nombre.

Un verre à moitié vide est aussi un verre à moitié plein.

Trouvez dix façons originales d'occuper une fillette de six ans un mercredi pluvieux.

Le frein du conformisme

La vie en société exige de nous que nous nous conformions aux comportements en vigueur : bien souvent, l'intégration et l'acceptation par ses pairs est à ce prix. Se distinguer est souvent source de troubles et de conflits. De même, si nous sommes placés dans une situation nouvelle, la solution le plus souvent appliquée consistera à calquer notre comportement sur celui des autres.

De nombreuses études ont mis en évidence cette **tendance au conformisme**. Elles montrent que la tendance à subir l'influence de l'autre est plus forte si la personne est face à un « poids social décisionnel », c'est-à-dire soit face à quelqu'un qui représente un pouvoir ou une autorité, soit face à un groupe. En revanche, cette tendance est moins forte si la personne elle-même est influente et en position de pouvoir.

• Une étude menée par S.E. Asch en 1955 est rapportée de cette façon par Reuchlin dans son ouvrage *Psychologie* : « On présente deux cartons à un groupe de sept sujets. L'un des cartons porte une droite "étalon". L'autre porte trois droites de longueurs inégales, dont une a la longueur de la droite étalon. On demande aux sujets de dire, chacun à son tour, laquelle des trois droites est égale à l'étalon. Les différences de longueur sont suffisantes pour que la tâche ne présente pas de difficulté perceptive. Mais, parmi les sept sujets, un seul est "naïf", sujet de l'expérience. Les six autres sont des "compères" de l'expérimentateur. Les compères parlent d'abord et désignent tous la même droite, différente de l'étalon. Que va faire le sujet naïf ? En moyenne, on peut dire que le jugement unanime de compères va exercer une forte influence sur son appréciation. En l'absence de toute influence (s'ils sont seuls face aux droites), les sujets naïfs font en moyenne une erreur d'appréciation sur cent présentations. En présence des six compères, le taux d'erreur monte à trente-sept sur cent présentations. »

Cette tendance à se conformer aux dires de la majorité se retrouve même en l'absence de sujets-compères. L'expérience suivante (due à G. de Montmollin) le montre bien :

• « Devant un groupe de cinq sujets, on montre pendant cinq secondes un carton sur lequel ont été collées au hasard 80 pastilles de papier marron. On demande aux sujets de "deviner aussi exactement que possible le nombre de pastilles". Après qu'ils ont écrit leur évaluation, on lit à voix haute les cinq réponses et, après une seconde présentation, on demande une seconde évaluation. On constate que les sujets, dans leur seconde réponse, tendent à se rapprocher de la moyenne des réponses initiales.

» Il semble bien dans ce cas que la moyenne soit attractive parce que perçue comme l'objet potentiel d'un accord. Les sujets essaient d'instituer entre eux un "contrat" social d'accord sur la façon de percevoir, plus qu'ils ne cherchent une vue objective de la réalité. »

Si vous doutez encore de l'influence que peut avoir, sur la perception ou sur le comportement d'un sujet naïf, un groupe ou une autorité morale, reportez-vous aux études bien connues de Stanley Milgram, reprises dans son ouvrage *Soumission à l'autorité* (Calmann-Lévy). Dans une enquête apparemment banale sur la mémoire, Milgram a fait une série d'expériences, où des hommes et des femmes recevaient l'ordre, donné par l'expérimentateur, d'infliger à une innocente victime (en réalité un complice de l'expérience) une série de chocs électriques de plus en plus violents. Le nombre de ceux qui, par soumission à l'autorité, se transformèrent, au nom de la recherche scientifique, en véritables bourreaux est proprement ahurissant.

Où est alors la libre conscience de l'individu ? Où est sa responsabilité individuelle ? Comment pourrait-il être créatif, c'est-à-dire libre de remettre en question les influences, les modes et les normes en vigueur ? On voit toute l'ampleur du problème.

> **Vous êtes nommé professeur de mathématiques dans une classe d'élèves particulièrement réfractaires. Quelles méthodes pourriez-vous déployer pour les intéresser au cours ?**
>
> **Qu'est-ce que vous aimeriez inventer ?**

Le frein psychophysiologique

Pour être complet dans le domaine que nous avons abordé ci-dessus, où l'on montre que le comportement et la perception d'un individu ne sont pas « objectifs » mais dépendent des influences extérieures, précisons un dernier point d'importance. « Même dans les situations où l'individu est aussi préservé que possible de toute influence sociale, ses mécanismes perceptifs ne fonctionnent pas en vue de lui fournir une sorte de décalque fidèle de la réalité », comme l'écrit Reuchlin. Le système nerveux du sujet se livre à une véritable « négociation interne » entre, d'une part, des informations externes parfois contradictoires ou ambiguës, d'autre part les besoins du sujet, ses connaissances et ses désirs. C'est le fruit de cette négociation intra-individuelle qui détermine finalement nos interprétations de la réalité et nos réponses. Pour le dire autrement : nous interprétons ce que nous voyons ou entendons en fonction de ce que nous sommes ou de ce qui nous arrange.

Ainsi, lorsque le film *Batman* est sorti en France, il a été précédé d'une campagne d'affichage représentant la fameuse chauve-souris symbole du personnage, en noir sur fond jaune. La grande majorité du public français a « vu » sur cette affiche une grande mâchoire jaune sur fond noir... L'amusant est que la même affiche avait été clairement identifiée par le public américain auquel Batman est familier depuis longtemps.

Nous n'avons aucunement conscience de cette négociation. En fait, les informations que nous recueillons permettraient souvent plusieurs interprétations perceptives possibles. Mais nous ignorons totalement cette multiplicité d'hypothèses : le processus perceptif fonctionne alors comme un processus de « décision » qui « choisit » l'une d'elles à notre insu.

• Pour plus de clarté, présentons une nouvelle expérience (réalisée par Francès) qui montre que nous voyons différemment une couleur selon sa signification :

« On découpe dans un même papier rouge orangé un cœur, un triangle, une ellipse et un homard. Un appareil (mélangeur chromatique) permet au sujet de régler la couleur d'une plage témoin de façon qu'elle lui apparaisse identique à celle de chacun des quatre objets colorés présentés séparément. On constate que le sujet introduit plus de rouge pour le cœur et le homard que pour le triangle et l'ellipse. » (Ils ont été vus plus rouges alors qu'ils étaient de la même teinte.)

Conclusion ? On ne peut même pas être sûr de ce que l'on voit. Il existe un « décideur interne » qui fait un choix d'interprétation avant même que nous n'ayons « perçu ». Ce système interne détestant l'ambiguïté, il va choisir de ne porter à la conscience qu'une interprétation, et une seule, à un moment donné. C'est ce qui se passe dans la perception des figures ambiguës comme celle ci-dessous (d'après Rubin).

En les regardant quelques instants, on voit se substituer l'une à l'autre deux interprétations perceptives possibles. Mais il est très difficile de contrôler ces changements et impossible de voir les deux aspects de la figure au même instant. Le système perceptif ne nous fournit à chaque instant qu'une seule interprétation, cohérente, de la réalité, laissant les autres dans l'oubli. Cela rend forcément modeste face à nos exigences « d'analyse du problème », qui est la première étape du processus créatif.

La figure 1 page 22 est également une figure ambiguë.

Regardez bien cette figure 4 pendant quelques instants. En fixant le point central, que percevez-vous ? Un vase ? Deux profils face à face ?

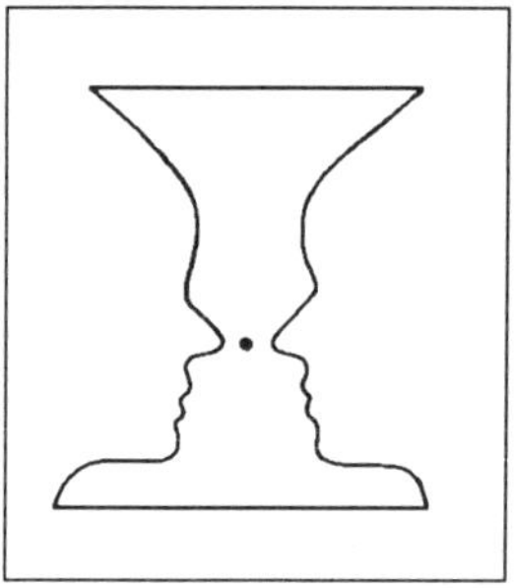

Les obstacles dus au milieu

Milieu éducatif d'abord : aucun individu adulte ne peut prendre totalement ses distances par rapport à son milieu d'origine. L'enfant, vierge de toute idée préconçue, va recevoir celles de ses parents. Il lui sera transmis, au fil des jours et des expériences, un système de valeurs qui façonnera de façon irrémédiable ses jugements et ses perceptions.

Milieu social ensuite : il est impuissant à modifier les mécanismes physiologiques de la perception, mais il a une action sur la façon dont les messages sont reconnus.

Une étude désormais classique a permis de mettre en évidence les rapports entre la perception que l'on a des objets et leur valeur sociale (Bruner et Goodman). Les sujets de l'expérience sont trente enfants de dix ans, quinze riches et quinze pauvres. Dans une première partie, on leur présente des disques en carton et on leur demande de régler le diamètre d'un cercle lumineux afin qu'il leur paraisse égal, successivement, à celui de chacun des disques de carton. Les résultats montrent que les enfants font de légères erreurs d'évaluation, tantôt en plus, tantôt en moins. Dans la seconde partie de l'expérience, on remplace les disques de carton par des pièces de monnaie de même diamètre. La consigne est la même. Les résultats montrent alors une surévaluation importante du diamètre des pièces, pouvant aller, pour le groupe entier, de 15 % à 35 % du diamètre réel. Mais le plus intéressant est que cette surévaluation est bien plus grande pour les enfants pauvres (jusqu'à + 50 % pour la pièce de 25 *cents*) que pour les enfants riches (maximum de surévaluation : + 23 %).

Le cadre de référence de chacun se construit au long de l'enfance. C'est ce filtre inconscient qui fait que l'on juge instantanément quelqu'un sur sa mine. Les signes physiques ne manquent pas, qui font que l'on décide très vite de quel milieu est issu tel ou tel. L'abord ou l'idée que l'on s'en fait n'est plus neutre : plus il nous ressemble, plus ses codes sont proches de ceux de notre milieu (ou du milieu auquel nous désirerions appartenir), plus il va nous sembler sympathique. À l'inverse, il faut parfois du temps et de la largeur d'esprit pour revenir sur une première impression défavorable, construite uniquement sur l'apparence. Cette apparence n'est pas seulement faite de l'aspect extérieur de la personne, mais aussi de la teneur de son vocabulaire, de sa façon de s'asseoir ou de peler les oranges. Qui peut se permettre de dire qu'à tous niveaux notre société (donc nous-mêmes) ne juge pas ses individus « à la tête du client » ?

Ainsi ce sont nos cadres de pensée et nos cadres de référence qui décident pour nous, sans que nous en ayons conscience. Il va falloir, pour redevenir créatif, apprendre à retrouver une liberté par rapport à des modèles anciens et profondément implantés dans le psychisme. Le premier et le plus sûr moyen d'y parvenir est, ici encore, d'en prendre conscience, de rendre conscient ce qui ne l'est pas.

Quels sont les signes qui vous rendent quelqu'un immédiatement sympathique ? Ceux qui vous le rendent immédiatement antipathique ? Quel type de gendre (ou de bru) n'aimeriez-vous surtout pas que votre fille (ou votre fils) épouse ?

Trouvez cinq idées nouvelles et utilisables pour diminuer l'intolérance aux immigrés.

Trouvez dix perfectionnements inédits pour l'équipement de la cuisine de demain.

LA MESURE DE LA CRÉATIVITÉ

La difficulté d'une telle mesure

Le problème des tests de créativité préoccupe les psychologues depuis plusieurs années, car il s'agit de l'un des domaines où il est le plus **difficile de quantifier** et d'obtenir un résultat qui ait une valeur prédictive. Or c'est bien cela que réclament les employeurs qui souhaitent recruter un candidat pour un poste où il devra, soit innover, soit produire des idées originales et pratiques. Ce problème est difficile pour trois raisons :

1. On ne sait toujours pas très bien quel est le processus psychique interne qui aboutit à la production d'idées ni pourquoi certains sont plus créatifs que d'autres. On ne connaît la créativité que par ses effets, de manière empirique, mais sans pouvoir encore l'expliquer réellement.
2. Le concept de créativité est très difficilement quantifiable. On peut mesurer le nombre d'idées produites, mais comment mesurer leur valeur ou leur originalité ? Qu'est-ce, au niveau d'un test, qu'une « bonne idée » et comment la distinguer d'une mauvaise ? Dans ce livre, cette question est résolue, puisque vous ne vous testez que par rapport à vous-même, mais sur quels critères objectifs peut-on dire d'une personne qu'elle est plus créative qu'une autre ?

3. Il y a une différence entre être capable de produire des idées lorsque l'on est face à une feuille de papier et s'avérer capable de les mettre en pratique. Les tests de créativité ne peuvent mesurer qu'une aptitude à la créativité. Le passage à l'acte, ou la capacité à les appliquer dans la vie réelle, demande d'autres qualités de tempérament ou de personnalité, qui doivent être mesurées par d'autres tests. Sinon, la valeur prédictive du test de créativité se révèle faible.

La pensée divergente

Celui qui a fait le plus avancer la question de la mesure de la créativité est le psychologue américain Guilford. Il distingue deux formes d'intelligence, l'une davantage présente chez les créatifs, l'autre chez les non-créatifs : l'intelligence convergente et l'intelligence divergente.

La **pensée convergente** est celle que l'on utilise pour résoudre un problème à solution unique, structuré et avec des données contraignantes. C'est la forme d'intelligence employée à l'égard de l'information, de la mémoire et de tout ce qui concerne les apprentissages. L'intelligence convergente est logique, rapide, sûre, prudente, conservatrice, étroite et rigoureuse. C'est l'intelligence sans surprise du bon élève ou du comptable. Elle est peu corrélée avec la créativité.

La **pensée divergente** s'oppose à la précédente en ce qu'elle favorise la production d'informations multiples et variées et produit toutes les solutions possibles à partir d'une donnée de départ. La divergence peut être définie comme l'aptitude à inventer un monde différent de celui proposé dans un champ de conscience plus large. Elle est moins conformiste, plus fantaisiste et se soucie d'originalité. Elle peut mettre en évidence des relations entre des faits jamais rapprochés jusqu'ici. C'est l'intelligence de l'artiste, du novateur, de l'inventeur et de l'enfant d'âge préscolaire. Elle est très corrélée avec la créativité.

Ces deux modes de pensée sont absolument **complémentaires**. Si l'on trouve des idées grâce à l'intelligence divergente (et aux matériaux accumulés dans la mémoire et l'apprentissage par la pensée convergente), on les réalise grâce à l'intelligence convergente.

La mesure de la divergence

Une analyse factorielle a été effectuée sur cette dimension. Il s'agit d'un traitement statistique qui permet la mise en évidence des facteurs qui composent l'intelligence divergente. À partir de là, il devient possible d'élaborer un test. Ces facteurs, qui sont en quelque sorte les **critères de la créativité**, sont les suivants :

1. La **sensibilité aux problèmes**, qui est la faculté permettant d'être fin et attentif dans ses observations, de percevoir les défauts ou les difficultés, de poser les bonnes questions. Dans un test, on demandera à la personne de poser des questions sur un sujet donné et on mesurera leur intérêt et leur originalité.
2. La **fluidité** de la pensée, qui s'associe à la réceptivité et à l'ouverture. Pour mesurer cette dimension, on demande à la personne de fournir le plus

grand nombre de réponses possible à des questions. Par exemple : tous les usages que l'on peut imaginer pour un objet donné, tous les mots contenant le même son, tous les synonymes, etc.

3. La **flexibilité** de la pensée, qui est la faculté de pouvoir rapidement s'adapter à des changements. Elle se mesure en calculant le nombre de domaines dont relèvent les réponses de la personne (voir la correction du test inclus dans cet ouvrage).
4. L'**originalité** des réponses. Elle se mesure de la façon suivante : une réponse est d'autant plus originale que sa fréquence d'apparition est faible. Elle ne peut donc s'estimer que par rapport à un échantillon de population.

Ajoutez à ces critères :

– l'aptitude à transformer et à redéterminer (par exemple en détournant les objets de leur fonction première) ;

– l'analyse, qui permet d'entrer dans le détail des différences entre les choses ou des relations entre les gens ;

– la synthèse, qui permet de rassembler des objets épars et de leur donner une nouvelle signification ;

– l'organisation cohérente, qui permet à la personne de mettre en harmonie pensée, sensibilité et perceptions, le tout dans une économie de moyens maximale ;

... et vous aurez une bonne idée des qualités fondamentales du créateur telles que psychologues et statistiques les ont déterminées, et telles que cherchent à les mesurer les tests.

Les tests de Torrance

Torrance est un autre psychologue qui a également mis au point des tests de créativité très usités. Il a développé, entre autres, un « test de pensée créative pour adultes », ainsi qu'un autre pour les enfants, de la maternelle à dix-huit ans. Il définit la créativité comme « l'aptitude à associer spontanément entre elles des idées et des représentations que rien ne lie » (ni dans le savoir ni dans le quotidien). Elle est également pour lui « un processus par lequel on devient sensible à des problèmes, des manques, des dysharmonies, etc. ; par lequel on cherche des solutions, on formule des hypothèses ; par lequel on teste, reteste et modifie ses hypothèses (et reteste ses modifications) et finalement par lequel on communique ses résultats ».

Ainsi ses tests vont-ils **mesurer** à la fois **l'intuition**, **l'imagination**, **le sens du réel et la faculté d'expression**. On voit que Torrance « colle » tout à fait à ce qui est connu du processus créatif et que ses tests en reprennent chaque étape. En cela, ils ont une bonne valeur prédictive. Torrance ne cherche pas à expliquer le pourquoi ou le comment de la créativité, mais cherche si chaque individu possède en lui, ou non, le mécanisme et les qualités lui permettant d'être effectivement et concrètement créatif.

> Trouvez quatre phrases de quatre mots, dont chaque mot commence par une des lettres suivantes :
>
> PAUL (exemple : papa achète une lampe)
> MITE
> BELT

Énumérez à quels (autres) usages pourraient servir :
- un chapeau haut de forme ;
- des épluchures de cacahuètes ;
- une brosse à ongles.

LA CRÉATIVITÉ ET L'ENTREPRISE

Homme de foi et de conviction, le créateur est persuadé d'avoir raison contre tout le monde. Autodidacte ou ingénieur diplômé, le créateur est un homme de refus, de rejet, d'anticonformisme : inconscient des difficultés mais amoureux de son idée, il n'accepte pas le message des anciens, le discours de la raison. Il croit à l'innovation et au changement. Et il prouve le mouvement en marchant.

Michel CAHIER

La créativité dans la vie professionnelle

Au niveau individuel, la créativité, par les remises en question qu'elle impose et par l'aptitude au changement qu'elle développe, est une des clés de la **réussite professionnelle**.

Dès le départ, quand il s'agit de **choisir une voie** ou un cadre d'activité, elle permet d'ouvrir tous les choix et de ne pas se cantonner à l'évidence, là où tous les candidats se précipitent. Il existe de multiples choix possibles pour une formation donnée et de nombreuses façons de se faire connaître d'une entreprise: être créatif permet de les inventorier avec une grande ouverture d'esprit.

Quand il s'agit ensuite de construire son **curriculum vitae** et de se présenter à l'employeur, il est évident que le but est de se distinguer (en bien!) de l'ensemble des autres candidats. Là encore, être créatif, dans les limites de ce qui est attendu pour un poste donné, peut faire la différence. Le candidat créatif ne se présente pas en chemisette à fleurs ni ne rédige son C.V. en diagonale dans le but de se faire remarquer à tout prix. Mais il se présente en ayant recueilli le maximum d'informations sur la société : on sent qu'il a réfléchi à la situation. Il a des propositions à faire, il amène des idées. Dès le départ, l'employeur sait que ce candidat-là sera un plus pour son entreprise.

Car tout responsable d'entreprise aujourd'hui se doit de faire une place de choix aux créatifs dans son équipe. Il ne peut plus se permettre de ne se référer qu'aux expériences passées pour engager l'avenir. Quels que soient les risques que comporte encore dans certaines entreprises le fait de vouloir être un facteur d'innovation, c'est bien là que réside un des facteurs majeurs du dynamisme d'une carrière professionnelle.

La créativité est également utilisée, dans la vie de l'entreprise, pour **modifier les conditions de travail** des employés. Les systèmes de suggestion existent désormais dans presque toutes les grandes unités américaines ou japonaises et cela se répand rapidement en France. Les employés sont associés de plus en plus à la vie de l'entreprise et à la façon de gérer leurs tâches. C'est avec eux (et non plus seulement pour eux) que se discute ce qui fait leur travail quotidien. C'est, par exemple, le principe de base des « cercles de qualité » tant à la mode aujourd'hui.

L'innovation dans l'entreprise

L'innovation est la **clé de l'adaptation** de l'entreprise à son environnement. Elle lui permet non seulement de survivre au changement, mais de croître en anticipant les défis à venir. C'est de la reconnaissance de ce besoin fondamental de l'entreprise, et non de la recherche fondamentale des universitaires, que sont nées et que se sont développées les recherches sur la créativité. Les modifications sociales sont trop rapides pour que le chef d'entreprise soit seul à l'origine et seul moteur des innovations à entreprendre. Aussi des méthodes ont-elles été développées et de nouvelles professions ont-elles été créées pour leur venir en aide.

L'innovation, grâce à la créativité, doit intervenir dans tous les secteurs de l'entreprise : lorsqu'il s'agit d'introduire un nouveau produit ou un nouveau procédé de fabrication sur le marché, lorsqu'il s'agit de conquérir de nouveaux segments de marché, lorsqu'il s'agit d'améliorer l'efficacité à tel ou tel niveau du processus commercial, etc.

Le fait que l'économie de marché oblige chacun à un effort constant d'innovation pour maintenir sa position ou pour la développer n'est pas récent. Mais la conjoncture mondiale accélère encore ce processus. Deux exemples :

- Au cours de l'année 1989, ce sont quatre cents nouveaux produits (soit presque deux par jour ouvrable) qui ont été lancés dans le seul domaine de l'agroalimentaire.

• Les demandes en matière de budget et de création publicitaires sont en croissance permanente depuis plus de dix ans, du fait essentiellement du développement de la publicité à la télévision, et il est certain que cela continuera. Pendant la finale de la Coupe du monde de football 1991 retransmise sur TF 1, le tarif d'un spot publicitaire de trente secondes atteignait huit cent mille francs. Le budget publicitaire annuel d'une lessive très connue avoisinait, quant à lui, les soixante millions de francs la même année. À ces tarifs, on a besoin de s'entourer de bons créatifs, car il faut rentabiliser son investissement.

Plusieurs facteurs sont intervenus au cours des dix dernières années pour rendre encore plus forte l'exigence d'innovation. Nous en citerons deux. Le premier est l'arrivée sur le marché de produits en provenance de nouveaux pays, qui appartenaient auparavant au tiers monde, mais qui émergent sur le plan économique et font preuve d'une belle vitalité. Le second est le développement de l'informatique, de la bureautique et de la micro-électronique en général. Il ne sera plus possible à personne désormais de travailler comme auparavant. Tous les secteurs d'activité et tous les niveaux hiérarchiques sont touchés. Les techniques évoluent très vite et exigent que chacun fasse la démarche de s'y adapter, sous peine de rester sur le bord de la route.

Ce défi, les entreprises vont devoir le relever. Pour cela, elles vont s'appuyer sur ce qu'elles possèdent de plus précieux : la matière grise et la créativité de ceux qu'elles emploient. Les chances de développement et de réussite des entreprises dépendent à l'avenir en grande partie de ce capital humain.

Cette analyse est certaine, mais la réalité ne la traduit pas toujours. On retrouve bien sûr, au niveau de l'entreprise, les freins à l'innovation et au changement que l'on a mis en évidence au niveau de l'individu. Comme un corps social, disposant d'un tempérament qui lui est propre (sa « culture »), l'entreprise rechigne souvent à remettre en question ses manières de fonctionner, de produire ou de distribuer. Des plans prévisionnels que l'on est tenu de suivre ont été établis. Des standards d'exécution souvent rigides ont été mis au point. Des normes, des grilles, des habitudes et des réglementations sont autant de forces qui dirigent toute action et figent toute velléité de changement. Beaucoup d'entreprises, surtout anciennes ou lourdes, possèdent une force d'inertie telle qu'elle s'oppose à tout ce qui peut venir la modifier. Les employés eux-mêmes ne sont pas les derniers à apprécier les avantages d'une organisation parfaitement rodée, sur laquelle il serait perturbant de revenir.

Pour bouger, l'entreprise aura souvent besoin de faire appel à un cabinet de formation extérieur. Une partie du personnel sera amenée à participer à des séminaires sur la créativité ainsi qu'à des séances de travail où il lui sera montré comment on peut favoriser l'irruption d'idées nouvelles. Progressivement, les besoins de l'entreprise comme ceux des individus seront pris en compte dans l'exploration des innovations possibles. Car si les sociétés ont absolument besoin de la créativité, celle-ci ne peut se développer que dans une ambiance et dans un milieu prêts à la recevoir. Étouffer la créativité, c'est, pour la société, prendre le risque de se laisser distancer et de mourir. Lui laisser libre cours, c'est prendre le risque de perturber l'organisation du travail, mais c'est avant tout se donner la chance de tenir et de développer sa place dans le jeu de la concurrence.

Vous êtes chargé du recrutement d'un nouveau cadre de l'entreprise. Trouvez six questions à lui poser pour tester son potentiel créatif.

Écrivez deux alexandrins (rimant) sur le thème de la bêtise.

Vous êtes chef d'entreprise. Trouvez dix façons d'encourager la créativité de vos collaborateurs.

Vous souhaitez lancer sur le marché un biscuit amaigrissant pour chiens. Trouvez des façons originales de le tester et de le promouvoir.

La théorie gestaltiste

Si, dans une situation donnée, vous ne voyez que ce que tout le monde voit, c'est que vous êtes victime de votre culture autant que vous en êtes représentatif.

S.I. HAYAKAWA

Les rapports entre créativité et perception ont été longuement étudiés également par les théoriciens de la « gestalt-théorie », ou **théorie de la forme**. Leur approche éclaire les phénomènes de créativité et peut permettre de comprendre comment survient l'idée, donc comment favoriser son apparition.

Pour eux, notre perception se réfère en permanence à des formes qu'elle reconnaît et dont elle est prisonnière. Par exemple, trois côtés égaux nous suggèrent un carré alors même que celui-ci n'est pas dessiné. Un cercle interrompu tend à être perçu comme complet. Certaines formes sont plus fortes que d'autres et nous aurons davantage tendance à nous y référer face à un stimulus flou ou ambigu.

Pour les gestaltistes, un problème à résoudre, de la même façon qu'une idée à trouver, est une forme, une structure. La solution ou l'idée sont une autre forme, une autre structure. Résoudre le problème consiste à passer d'une structure à l'autre par une réorganisation du champ perceptif.

On comprend mieux le lien avec la créativité lorsque l'on sait que cette restructuration est brusque : on parle d'« insight », d'illumination, et non d'élimination progressive des erreurs. Cette instantanéité est comparable à celle par laquelle une figure ambiguë change d'aspect aux yeux de l'observateur (voir les figures 1 et 4). Or on sait également que, dans le processus créatif, l'idée surgit brusquement (« Eurêka ! ») après un processus de maturation plus ou moins long.

Notre cerveau tend à nous maintenir à l'intérieur de cadres préétablis, quitte pour cela à nous faire passer pour réalité ce qui n'est que suggéré. À nous, une fois conscients de ce phénomène, de nous efforcer de toujours chercher si les choses ne pourraient pas être considérées d'une autre façon, vues sous un autre angle ou interprétées autrement.

Quelques exemples vous feront mieux comprendre comment nous sommes prisonniers de formes habituelles et comment cela nous empêche de concevoir ou d'inventer une solution à des problèmes pourtant fort simples dès que l'on sort du champ de référence habituel. Nous verrons en troisième partie des exercices destinés à faciliter ces « sorties du cadre ».

Regardez bien cette figure (5).
Voyez-vous un triangle ? Deux triangles ? Six triangles ? Huit triangles ? Voyez-vous un triangle blanc, non dessiné, qui vous semble même plus blanc que le reste de la page ? Effet de contraste, bien sûr, mais aussi effet d'habitude…

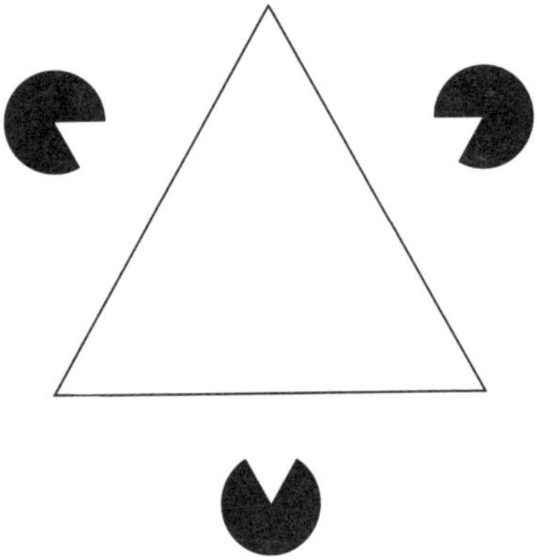

Pour former quatre triangles, vous disposez de six allumettes que vous ne pouvez ni croiser ni casser.

Reliez ces neuf points par quatre lignes droites mais sans lever le crayon de la feuille.

Pour la solution, voir p. 233.

PETIT CRÉATIF DEVIENDRA GRAND

La créativité des enfants s'épanouira si elle est stimulée et nourrie. C'est d'elle que dépend leur manière de concevoir la vie une fois adultes.

W. DAYER

Le destin de l'humanité repose sur un nouveau type d'éducation. Car il ne s'agit plus d'emmagasiner des connaissances, ni même d'apprendre à apprendre ; emporté dans la mouvance de l'histoire, l'homme doit apprendre à changer.

R. GLOTON

C'est aux enfants et aux écoliers d'aujourd'hui que va revenir la tâche d'inventer et d'évoluer demain dans un monde dont n'existent que les prémices. Un monde dont on se doute dès maintenant qu'il subira le joug de la technologie, de la robotisation et de l'uniformisation. Faire des enfants d'aujourd'hui les créateurs de demain, c'est non seulement leur permettre de s'adapter à des changements rapides, mais aussi leur offrir les moyens de s'occuper de leur qualité de vie. Les créatifs sont des gens libres parce qu'ils savent se distinguer des normes. Ils savent ce qu'ils veulent et se donnent les moyens d'y parvenir. Comme l'a dit George Bernard Shaw :

L'imagination est le point de départ de la création. On imagine ce qu'on désire, on veut ce qu'on imagine, et pour finir on crée ce qu'on veut.

Le rôle de l'école

Nous avons déjà vu qu'elle ne tenait pas son rôle dans cette perspective d'avenir. L'école transmet des techniques et des notions qui seront largement dépassées lorsque l'enfant, devenu adulte, aura l'âge de les utiliser. Elle forme à des métiers qui auront disparu. Pourtant ce n'est pas tant le contenu qu'il serait urgent de faire évoluer (car comment enseigner des choses qui n'existent pas encore ?) mais la pédagogie elle-même.

L'école publique habituelle ne met pas en place, c'est le moins que l'on puisse dire, un climat favorable au développement de la créativité de l'enfant et à son épanouissement. Non pas que les enseignants ne soient pas convaincus, pour la plupart, du bien-fondé de ces techniques, mais plus simplement l'école n'est pas conçue pour cela. Sa fonction n'est pas d'apprendre aux enfants à développer leur esprit critique et leur liberté de pensée, mais de favoriser la transmission d'un savoir et d'un savoir-faire éprouvés. À la fin des cycles, des examens contrôlent l'acquisition des connaissances et l'aptitude de l'enfant à les reformuler. La pensée convergente est systématiquement favorisée, ce qui explique que sa mesure soit un très bon indicateur de réussite scolaire.

Comment un enfant pourrait-il exprimer des idées originales dans un lieu où le silence est généralement exigé ? Quel enseignant, vu la densité des programmes et l'échéance des contrôles, a le temps de se préoccuper de l'expression des élèves et de leur imagination ? Lequel peut prendre le temps de leur faire redécouvrir les notions plutôt que de les présenter comme des recettes de cuisine à appliquer ? S'il en est un, il devra parfois s'attendre à des réactions hostiles des inspecteurs d'Académie et des parents d'élèves...

Que faudrait-il mettre en place ? Bien des pédagogues ont réfléchi à cette question et développé des réalisations dans lesquelles on retrouve un certain nombre de points communs.

– L'idée fondamentale est que l'on ne peut « construire » un adulte autonome et créatif : il se crée lui-même. Il trouve en lui-même la **motivation interne** et fournit les efforts correspondants.

– L'intérêt, la réussite et le plaisir de l'aboutissement renforcent cette motivation et la relancent sur un autre projet. L'enfant est **actif** et désire ce qu'il fait. Tout enfant veut connaître, apprendre le monde, découvrir les règles. Le rôle de l'adulte est de l'aider à y parvenir.

– L'enfant doit pouvoir expérimenter librement, à partir de tous les matériaux qui sont mis à sa disposition. L'apprentissage doit se faire par la manipulation. Ce **tâtonnement** est d'une importance très grande parce qu'il lui enseigne, non un savoir, mais une méthode pour chercher, ce qui est infiniment plus précieux.

– L'enfant doit être libre d'**exprimer son mode intérieur** et encouragé à le traduire de multiples façons. Il n'existe pas que le langage parlé ou écrit : on peut aider l'enfant à utiliser le dessin, la peinture, les sons, l'expression corporelle ou théâtrale, etc. L'enfant n'a pas besoin que l'on loue ses productions, mais qu'on les accueille avec intérêt et sérieux.

– L'**ouverture** doit être favorisée dans toutes les directions. Ouverture sur l'environnement : l'enfant et l'école sont dans un cadre de vie dont il serait très dommage de ne pas tirer parti. Ouverture sur l'extérieur, sur le monde, sur les autres, sur tout ce qui va favoriser des contacts et des expériences humaines. Ouverture sur les autres enfants de la classe, enfin, en favorisant un travail de groupe autour d'objectifs communs.

Le rôle de la famille

Si l'école ne favorise pas assez la créativité, il faut bien dire que la famille non plus. Or, si la première a des excuses, la seconde en a moins : un seul enfant à la fois, une plus grande disponibilité, un engagement affectif total, un âge plus précoce, etc., sont des conditions qui devraient rendre plus favorable la situation.

L'enfant naît avec le plein de forces vives, de curiosité, d'envie d'apprendre et de découvrir. Il ne ménage pas ses efforts en vue de s'entraîner et de faire des progrès. S'il devient, quelques années plus tard, un enfant blasé qui trompe son ennui devant la télévision, les parents, même les mieux intentionnés et les plus désireux de l'éveil de leur enfant, en ont une part de responsabilité. Bien évidemment, cela va à l'inverse de leur désir exprimé ; pourtant, les parents entravent le développement de la créativité de leur enfant chaque fois qu'ils adoptent l'un de ces comportements :

– lorsqu'ils se définissent comme possédant le pouvoir, le savoir et l'autorité, face à un enfant-objet à qui il est demandé soumission et obéissance rapide ;

– lorsqu'ils encouragent leurs enfants à dépendre d'eux trop longtemps en ce qui concerne la vie de tous les jours ;

– lorsqu'ils découragent leurs expériences parce qu'elles sont risquées, dérangeantes ou salissantes ;

– lorsqu'ils interviennent sans cesse dans leurs activités, leurs jeux ou leur travail pour leur indiquer une meilleure façon de faire ou des règles à respecter ;

– lorsqu'ils les traitent comme des êtres en qui ils ne peuvent avoir confiance ou dont les opinions ne peuvent être dignes d'intérêt ;

– lorsqu'ils leur apprennent à être comme tout le monde, à éviter de se différencier ou de sortir des sentiers battus ; à ne jamais « dépasser » ni « déborder ».

Bien souvent, les parents ont un discours où ils affirment vouloir développer la créativité de leur enfant et une attitude inverse. Certains craignent qu'un enfant inventif et libre de ses mouvements ne soit pas aussi simple à élever. Il est vrai qu'il faut alors réinventer d'autres formes de relations que celle de maître-instructeur à disciple, par exemple en développant l'autodiscipline et la communication de qualité.

Là encore, que faudrait-il faire ? Voici **quelques pistes**, à explorer par chacun.

– Les parents doivent apprendre la patience. Cela leur permettra d'attendre que l'enfant ait essayé et réussi tout seul plutôt que d'être intervenus sans arrêt dans ses activités. L'enfant créatif est un enfant autonome : il ne le deviendra que si on le laisse trouver sa façon personnelle de faire les choses, même si cela prend davantage de temps. Finalement, les adultes ne devraient intervenir que si l'on requiert leur aide.

– Les parents doivent pouvoir accepter que leur enfant soit différent d'eux, fasse autrement, et c'est peut-être cela le plus difficile à admettre. Alors qu'il faut justement l'encourager à ne pas faire comme tout le monde, à être critique et à trouver ses propres chemins. Il doit pouvoir, dans les activités non scolaires de sa vie et chaque fois que cela ne gêne pas, être lui-même et inventer sa vie.

– Les parents doivent trouver le moyen d'être disponibles aux questions et au dialogue, dans un esprit d'ouverture d'esprit maximum. Le besoin de parler ou les questions importantes ne viennent pas toujours au moment opportun, mais c'est pourtant à ce moment-là qu'il est fondamental d'entamer le dialogue. Sans avoir peur, chaque fois qu'il le faut, de dire : « Je ne sais pas. »

– Il faut faire très attention à la critique. Le potentiel créatif d'un enfant est énorme, mais il est aussi fragile et susceptible. Certains peuvent être détournés d'un plaisir ou d'une vocation simplement à cause d'une critique formelle excessive et décourageante. Mieux vaut encourager et féliciter ce qui est bien. C'est même toujours ainsi qu'il faudrait commencer.

– Enfin, mais on pourrait trouver encore bien d'autres comportements, il ne faut pas oublier que les enfants s'éduquent avant tout par l'exemple. Ils auront le désir de devenir des individus créatifs si leurs parents trouvent plaisir à l'être. Il faut montrer aux enfants que l'on invente une nouvelle recette de cuisine, les associer aux projets pour refaire la décoration du living, inventer avec eux de nouveaux jeux ou leur expliquer lorsque l'on est amené à prendre une décision qui va à contre-courant des idées reçues.

L'enfant créatif

Finalement, vous découvrirez que l'enfant créatif n'est pas plus difficile à élever qu'un autre. Il est même infiniment plus passionnant. Non qu'il soit plus précoce : on n'éveille pas un enfant à la créativité pour qu'il marche sur les pas de Mozart ou de Minou Drouet ! Mais il est **plus autonome** et **plus épanoui** dans toutes les dimensions de sa vie personnelle.

L'enfant créatif s'invente des jeux et des personnages. Des matériaux tout simples ou des objets mis au rebut sont pour son imagination de bien meilleurs supports que les jouets du commerce qui décident de tout à la place de l'enfant. Plein d'idées, il entraîne ses camarades de jeux à coups de « On dirait que... ». Seul, il ne s'ennuie pas car les poupées ou les ours font de très bons interlocuteurs. Plus âgé, il passe beaucoup de temps à concevoir et à réaliser : il fabrique des cabanes, des habits de poupée, des livres, des gâteaux originaux, etc. Les vieux greniers, les caves et les ateliers, par tout ce qu'ils renferment comme « trésors », sont ses lieux favoris.

Très curieux, l'enfant créatif ne refuse pas une expérience nouvelle. Son esprit est rarement au repos. Il passe son temps à poser des questions aux adultes. Il prend des risques, également, et se fixe des objectifs. Lui pense qu'il peut les atteindre et, si personne ne vient lui affirmer le contraire, il le fera effectivement. Car il sait que ses possibilités sont grandes et ne refuse pas de faire des efforts pour un défi qu'il s'est lui-même lancé. S'il se trompe, s'il échoue, il saura en tirer parti.

S'il est souvent entêté, rebelle ou coléreux, l'enfant créatif est surtout très séduisant. Car il a le sens de l'humour et du spectacle, il s'intéresse à tout et il est merveilleusement généreux. S'il est encouragé et accompagné dans son développement, s'il est respecté dans ses désirs et dans ses expériences, il fera alors un adulte pleinement adulte, c'est-à-dire libre, autonome, créatif et armé pour l'avenir.

Vous avez des enfants ? Voici deux idées dont vous pourrez tirer un grand parti.
– Installez une « boîte à idées » dans votre foyer. Chacun, enfant comme adulte, pourra y déposer les siennes qui seront discutées en famille.
– Réunissez régulièrement un « conseil de famille » (tous ceux qui vivent au foyer) dont le but est de discuter des questions en cours (l'heure du coucher, les tâches de chacun, la destination des prochaines vacances, etc.). Chacun s'y exprime librement et sans critique *a priori.*

Le week-end prochain, quelles activités pourriez-vous proposer et partager avec vos enfants dans le but de développer leur créativité ?

Trouvez cinq arguments nouveaux pour convaincre un enfant de cinq ans :
– de se coucher à huit heures ;
– de manger des légumes verts.

TROISIÈME PARTIE

Pratique de la créativité

Dans tout ce qui précède, nous avons abordé la créativité sous un angle théorique ou historique. Maintenant que vous êtes familiarisé avec les notions et les termes principaux de la créativité, nous allons pouvoir passer à une démarche beaucoup plus concrète. Grâce aux idées acquises dans les premières parties, vous serez beaucoup plus à même de comprendre les tenants et les aboutissants des exercices pratiques que nous allons vous proposer dans le cours des prochains chapitres.

LES DEUX VERSANTS DE LA CRÉATIVITÉ

Dans tout ce qui suit, nous allons considérer non pas une mais deux dimensions dans la créativité. Pourquoi cette distinction ? Un exemple permettra de mieux nous faire comprendre.

Considérons le cas d'un sauteur à la perche. Que lui faut-il pour réussir ? D'abord, une bonne forme physique. Comme tout sportif d'un certain niveau, notre sauteur doit entretenir son corps, sa musculature et son esprit de compétition par un entraînement quotidien. Pour cela, il se livre à des exercices (course, gymnastique...), il surveille son alimentation, il prend le repos nécessaire pour être toujours d'attaque... Bref, il se conforme à une hygiène de vie et s'astreint à un travail dont le but est, si l'on peut dire, de se maintenir en bon état de fonctionnement. Le résultat de cette démarche est que notre sportif est en bonne santé et que ses capacités physiques augmentent. De ce fait, il est davantage que les autres capable de résister à la fatigue et de faire face à tel ou tel effort qu'il peut avoir à fournir dans la vie quotidienne. Grâce à son entraînement, il pourra plus aisément grimper une longue volée d'escalier ou porter des bagages pesants...

Mais la bonne condition physique ne suffit pas pour faire un bon sauteur à la perche. Il faut aussi maîtriser une certaine technique. En effet, depuis que cette discipline existe, des centaines de sportifs et d'entraîneurs ont tiré les leçons de leur pratique et développé une excellente connaissance du geste le plus efficace et du mouvement le plus sûr. En acquérant cette technique, en répétant inlassablement les « bons » gestes jusqu'à en faire des automatismes, le sauteur à la perche peut tirer le meilleur parti de sa forme physique et de la puissance de ses muscles. Ainsi, on le sait, un bon technicien obtiendra de meilleurs résultats qu'un homme physiquement plus fort que lui mais ignorant tout de la façon de s'y prendre. Pour faire un excellent sauteur, il faut la forme et la technique.

Il en va de même pour la créativité.

D'une part, il y a la créativité en tant qu'**état d'esprit**, celle qui fonctionne comme une façon de voir le monde et qui trouve matière à s'exercer dans presque toutes les occasions de la vie courante. Elle s'acquiert par une sorte de gymnastique intellectuelle comparable à la gymnastique physique du sportif ; elle permet de garder un cerveau en bonne forme et de porter un regard frais sur les choses et sur les gens. Pour vous aider à développer cette forme de créativité, nous indiquons des « trucs » et des façons de faire, mais surtout nous vous donnons des types d'exercices à pratiquer le plus souvent possible, un peu comme du calcul mental. En vous livrant quotidiennement – ou, tout au moins, assidûment – à ces exercices, vous devriez développer et fortifier votre aptitude à la créativité jusqu'à ce que cette « approche créative » des choses devienne chez vous un réflexe face à tout type de situation.

D'autre part, il y a des **techniques** de créativité. C'est ce que l'on pourrait appeler l'approche systématique. Ces techniques sont assez variées et s'utilisent le plus souvent dans le cadre de réflexions de groupe pour la résolution d'un problème complexe.

Elles ont fait la preuve de leur efficacité et de nombreux praticiens (psychologues, consultants d'entreprises ou formateurs) en proposent régulièrement de nouvelles. Ces techniques, comme dans le cas du sauteur à la perche, sont très importantes à connaître et à pratiquer car elles peuvent permettre d'améliorer grandement les « performances » des personnes à la recherche de solutions ou d'idées nouvelles. C'est l'ensemble de ces techniques qui forme pour nous le second versant de la créativité. C'est pourquoi nous vous en indiquons quelques-unes.

L'objectif de cet ouvrage étant d'abord le développement personnel, nous avons mis l'accent sur les techniques utilisables par une personne seule. Toutefois, vous trouverez également quelques techniques de groupe que vous pourrez employer aussi bien avec des collaborateurs dans votre entreprise que, chez vous, avec votre conjoint et vos enfants. Il y a sûrement dans votre foyer des questions pour lesquelles vous pouvez chercher en famille une solution créative…

DES EXERCICES QUOTIDIENS

Rappelons-le en préalable : nous sommes tous créatifs. Vous êtes créatif. Plus exactement, il y a en vous d'énormes capacités créatives qui ne demandent qu'à se réveiller. Exactement de même que, sans pour autant devenir champion olympique, vous pourriez avec un entraînement raisonnable devenir un bon coureur à pied ou un joueur de tennis acceptable. La créativité n'est pas une qualité exceptionnelle que quelques-uns ont reçue des fées à leur naissance ; elle est une fonction intellectuelle présente chez chacun, mais plus ou moins engourdie par le manque d'exercice et le poids des blocages.

Nous avons vu, dans une partie précédente, quels blocages issus de la tradition, de l'éducation ou de l'habitude viennent contrarier notre créativité « naturelle ». Aussi, la plupart des exercices auxquels on peut se livrer pour revitaliser cette faculté créative auront pour but de s'entraîner à détruire ces blocages. Le jeu (car, nous le verrons, il faut traiter cela comme un jeu) consiste à saisir toutes les occasions pour adopter une attitude libre, dans la mesure où cela peut se faire sans grand risque. Par cette gymnastique, vous pourrez « assouplir » votre cerveau et vous habituer à sortir du carcan de la logique ou de la routine.

Les paragraphes suivants vous indiquent les principes à suivre et les « exercices d'entraînement » que vous devriez appliquer au moins trois ou quatre fois tous les jours pour dérouiller votre créativité.

Toujours chercher deux réponses

Parmi les blocages qui nous affectent, l'un des plus importants est la manie de toujours chercher « la » bonne réponse. Notre système d'éducation privilégie cette manie, soit en réclamant des élèves qu'ils « recrachent » au professeur le contenu de la leçon apprise la veille, soit en réservant une place privilégiée aux mathématiques, science de la précision et de l'exactitude dans laquelle les réponses (tout au moins jusqu'en classe terminale) sont le plus souvent uniques. Vous le remarquerez autour de vous : confrontés à un problème, la plupart des gens cherchent une réponse et, quand ils l'ont trouvée, s'arrêtent de réfléchir en s'abandonnant à un sentiment vague de confort ou de soulagement.

Cette façon d'agir comporte au moins deux risques.

D'une part, la réponse proposée est en général puisée dans l'ensemble des expériences similaires où l'on a trouvé un moyen de s'en sortir. Ce n'est donc pas une réponse adaptée au problème lui-même, mais à un **autre** problème rencontré auparavant et qui paraît lui ressembler. Ainsi, cette « bonne réponse » interdit, si l'on s'y tient, de réfléchir à ce que la question posée a de particulier, d'unique ; donc d'apercevoir ce qui en fait peut-être la vraie difficulté.

D'autre part, si vous vous habituez à ne donner qu'une seule réponse aux questions qui vous sont posées, par exemple dans votre travail, vous risquez, lorsque vous en trouverez plusieurs, de ne proposer que la plus sûre, ou la moins coûteuse, ou la plus acceptable par votre supérieur… et à terme de vous enfoncer dans une routine assez peu stimulante.

Donc, première règle : cherchez toujours deux réponses. Pour y arriver, habituez-vous à vous demander systématiquement : « Quels sont **les** moyens de résoudre ce problème ? » ou : « Quelles sont **les** solutions possibles ? » Et faites-le dans toutes les occasions qui se présentent ou, au moins, plusieurs fois par jour.

À titre d'entraînement, trouvez plusieurs réponses (exactes) aux questions suivantes :

- Combien font 2 et 2 ?
- Quelle est la moitié de 8 ?
- Quelle heure est-il ?

Ce sont des questions très banales et pourtant, avec un peu de réflexion, vous pouvez trouver au moins trois réponses pour chacune…

Pour vous aider à trouver plus d'une réponse à vos questions, vous pouvez essayer de les formuler différemment, ou d'élargir le cadre de votre réflexion, ou encore de repérer les contraintes implicites, c'est-à-dire les contraintes que la question ne comporte pas mais que vous croyez ou admettez qu'elle comporte. Ce dernier point est très important. Très souvent, les mots induisent pour nous des images ou des associations « évidentes », qui font que sans en avoir conscience nous mettons des barrières là où il n'y en a pas. Nous reviendrons là-dessus dans le paragraphe consacré à la « sortie du cadre ». Par exemple, 2 et 2 font 4 en base 10, mais aussi 11 en base 3 et 22 si on les écrit l'un à côté de l'autre en lisant bien 2 **et** 2 et non pas 2 **plus** 2.

De même, la moitié de 8 est bien 4 dans notre arithmétique traditionnelle. Mais si vous écrivez un huit et le coupez en deux par un trait horizontal, vous obtiendrez deux petits ronds et vous pourrez affirmer que la moitié de huit s'écrit… 0. En revanche, si vous écrivez huit et le coupez en deux par un trait vertical, vous verrez que la moitié de droite ressemble furieusement… à un 3. Vous voilà donc avec trois réponses justes.

Et l'heure ? Eh bien, au moment où nous écrivons ces lignes il est juste 5 heures et demie de l'après-midi, ou si vous préférez, 17 h 30. Voilà déjà deux réponses. Mais à Houston (Texas), il doit être 10 h 30 du matin. La question, l'avez-vous remarqué, ne mentionnait pas de lieu géographique : c'est vous qui avez implicitement admis que nous parlions de l'heure valable pour l'endroit où nous sommes. Et que penser du philosophe ou du farceur qui répondrait : « Je ne sais pas, ça n'arrête pas de changer » ? Sans être très utilisable, sa réponse serait tout de même exacte.

Comme vous le voyez, même les questions apparemment les plus banales et les moins ambiguës peuvent recevoir plusieurs réponses. Alors, à vous de jouer : la prochaine fois que vous serez confronté à un problème, obligez-vous au moins à deux bonnes réponses !

> **Trouvez la morale de la fable suivante :**
> ***« Les paysans chinois des plaines de Liao,***
> ***Pour cultiver le riz, ont de petits ciseaux. »***

Pour la solution, voir p. 235.

Sortir du cadre : apprenez à vous méfier des mots

Durant la Première Guerre mondiale, un officier de cavalerie polonais nommé Alfred Korzybski fut victime avec ses hommes d'une mésaventure qui devait avoir pour lui des conséquences inattendues. Au plus fort de la bataille, alors qu'ils devaient charger, ils furent bloqués en plein galop par un ruisseau en crue qui ne figurait pas sur la carte dont ils disposaient… Korzybski n'oublia plus jamais la distance qui sépare les mots des choses, les objets de leur représentation. Par la suite, il fonda une école de pensée connue sous le nom de « Sémantique générale » dont l'un des préceptes rappelle inlassablement que « la carte n'est pas le territoire ».

L'idée exprimée par cette formule est que nous disposons de mots pour décrire la réalité ; mais que ces mots ne sont pas neutres. En fonction de son histoire personnelle, de ses expériences, de ses préjugés, les mots **induisent** pour un auditeur donné des significations que le locuteur n'a pas forcément voulu y mettre. D'autres fois, les mots employés sont culturellement chargés de significations implicites.
• Par exemple, une faute de langage courante consiste à confondre les expressions « coupe sombre » et « coupe claire ». Cette faute vient directement d'une association entre un mot et une idée. Lorsqu'on coupe des arbres dans une forêt, si on en coupe un assez grand nombre, la lumière peut à nouveau passer et on parle alors de coupe « claire ». En revanche, si on coupe très peu d'arbres, l'écran végétal est maintenu et on parle de coupe « sombre ». Une coupe claire fait donc beaucoup

plus de ravages qu'une coupe sombre. Mais dans l'esprit de chacun, « sombre » est associé à « nuit » et à « mal », tandis que « clair » est associé à « lumière » et donc à « bien ». C'est pourquoi, pour évoquer une décision particulièrement sévère, nous dirons spontanément (et à tort) : « On a fait des coupes sombres. » Dans ce cas, l'idée induite par le mot a pris le pas sur la signification véritable.

Certains mots induisent des images ou des associations de façon si efficace qu'on a pu, en jouant sur leur ambiguïté, inventer des énigmes ou des histoires drôles.

• Un très bel exemple de ce type de démarche se trouve dans les aventures de Thorgal, héros de bande dessinée créé par Rosinski et Van Hamme. Au cours d'un voyage, Thorgal se trouve face à un étrange montage : un collier d'or est tenu au centre d'un cadre de bois par quatre cordelettes attachées aux quatre montants du cadre.

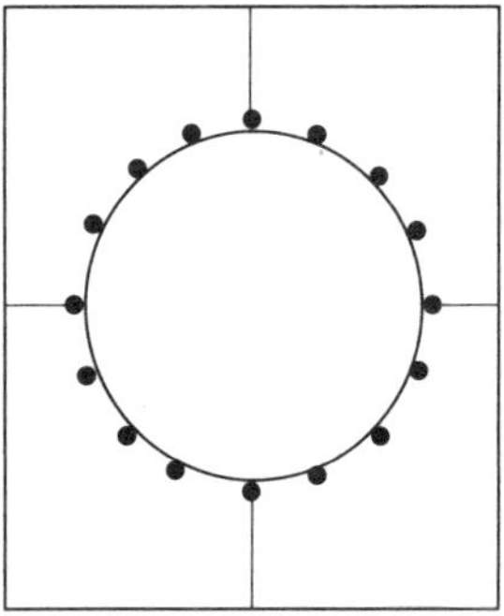

Une antique tradition affirme que le trône du pays reviendra à la personne qui réussira, d'une seule flèche, à libérer le collier.

Prenez quelques minutes pour réfléchir. Seriez-vous devenu roi du pays ?

Toute la difficulté de l'épreuve réside en fait dans une contrainte implicite. En principe, l'idée de flèche est associée à celle d'arc. Il est donc tout naturel de se demander comment faire pour trancher quatre cordelettes en tirant une seule flèche, ce qui est évidemment impossible vu la disposition de l'ensemble. Mais en fait, le texte de la tradition ne fait pas mention d'arc, seulement d'une flèche. Une fois remarqué ce point, la solution apparaît d'elle-même : il suffit de prendre une flèche à la main et, en en employant la pointe comme la lame d'un couteau, de couper les cordelettes. Ainsi, on libère le collier d'une seule flèche, comme exigé par le texte de l'énigme. Bel exemple de sortie du cadre...

La conclusion de tout ceci n'est évidemment pas qu'il ne faut pas utiliser les mots (au passage, aviez-vous déjà noté l'absurdité d'un livre écrit pour expliquer que toute communication est impossible ?), mais qu'il faut s'en méfier. Tout mot est une désignation, mais aussi une appréciation. Il véhicule non pas un sens mais un nuage de sens. Entraînez-vous à repérer dans les affirmations ou dans les questions que vous rencontrez les contraintes ou les a priori implicites qu'elles peuvent contenir. Soyez critique, non pas systématiquement de manière négative, mais un peu comme le candide pour qui rien n'est jamais évident. Avec un peu d'attention, vous remarquerez très vite que nous pouvons entendre tous les jours des affirmations faisant appel à des présupposés plus ou moins discutables. Amusez-vous à les approfondir, à chercher vers quoi elles tendent... et à les pervertir en les sortant de leur cadre de référence.

• Par exemple, chacun connaît la formule affichée par les magasins au moment des soldes : « Tout doit disparaître ! » Cette formule s'entend évidemment dans une logique commerciale. Mais en passant devant la vitrine au hasard d'une promenade, on peut se prendre à rêver que, à la lettre, on se conformerait à cette injonction en pillant le magasin ou en y mettant le feu.

L'intérêt de cette gymnastique est que vous deviendrez de plus en plus capable de **distinguer** dans une question ce qui en fait vraiment **la difficulté**. Nous reviendrons sur ce point en traitant de la définition des problèmes, mais disons déjà que c'est une étape cruciale dans l'exercice de la créativité. De plus, vous acquerrez ainsi une vision plus juste et certainement plus amusante de votre environnement quotidien.

Pour vous entraîner à vous méfier des mots, voici deux questions simples. Normalement, vous devriez deviner tout de suite où réside l'astuce. Il s'agit de trouver une explication à chacune de ces affirmations :

1. Je connais deux jeunes médecins dont l'un est père du fils de l'autre.
2. Dans la ferme de mon ami Karl, il y a un berger allemand qui sait faire des additions.

Pendant que vous réfléchissez, mentionnons aussi un autre terrain d'entraînement pour la recherche de fausses contraintes. C'est la technique, très employée par les vendeurs, de la « question alternative ». Elle consiste à formuler une question de telle sorte que vous ayez l'impression de décider tout en étant en fait guidé par votre interlocuteur. Par exemple, après vous avoir déballé quelques paires de chaussures : « Alors, choisirez-vous les noires ou préférez-vous prendre la paire marron ? » Il est implicite que vous prendrez une paire de toute façon… Amusez-vous à repérer cette technique (elle est également assez fréquente au restaurant) et n'hésitez pas à sortir du cadre si vous le jugez bon.

Pour en revenir à nos questions, la première a une réponse « évidente » : l'un des médecins est le père « naturel » de l'enfant et l'autre son père « officiel », la femme du second ayant trompé son mari avec le premier. On peut aussi imaginer que, pour quelque obscure raison, le second médecin a été amené à adopter le fils du premier. Enfin, on peut remarquer que « médecin » est un mot neutre, que l'on peut tout à fait être médecin et du sexe féminin, et par conséquent que les deux jeunes médecins dont il est question peuvent tout simplement être mari et femme.

Quant à la seconde, on peut toujours évoquer un miracle de dressage canin (il y a bien eu des cas de chevaux calculateurs). Et puis, on peut se dire qu'un berger allemand n'est pas forcément un chien : si mon ami Karl est allemand, il peut avoir comme employé dans sa ferme un berger de la même nationalité qui possède quelques rudiments d'arithmétique.

Voilà une petite illustration de la façon dont les mots peuvent nous tromper. Mais vous aviez sûrement trouvé les astuces… Au fait, avez-vous bien pris soin de chercher chaque fois **deux** réponses ?

Jouez avec les mots

Ce n'est pas tout de se méfier des mots, il faut aussi les apprivoiser.

Nous l'avons noté dans une partie précédente, l'essence de la créativité est le **rapprochement**

d'éléments habituellement séparés. Il faut « voir ce que voit tout le monde et le regarder comme personne ». Un excellent entraînement pour cela est de jouer avec les mots. En effet, les mots représentent un matériel d'accès facile et peu coûteux, dont le maniement peut donner naissance à des moments d'ahurissement, d'émerveillement ou même d'hilarité. De plus, les jeux avec les mots permettent d'installer non pas un mais plusieurs réflexes créatifs. C'est pourquoi ils constituent une gymnastique particulièrement recommandée, par exemple dans les transports en commun ou les embouteillages.

Les jeux avec les mots, pour ce qui nous concerne, peuvent être rangés en trois catégories : gags, métaphores et paradoxes.

Les **gags** sont des jeux de mots au sens le plus puéril du terme. Il s'agit de décortiquer un mot, de le triturer pour en faire sortir quelque chose d'inattendu. Bref, il s'agit de s'entraîner à poser un œil neuf sur quelque chose de banal. L'intérêt de cet entraînement est évident pour redonner leur souplesse à vos muscles créatifs.

La **métaphore** est la pratique de l'analogie en poésie. C'est donc une comparaison, du type « Les yeux de maman sont des étoiles » ou « Vous êtes mon lion superbe et généreux » (cette dernière métaphore étant de Victor Hugo). L'intérêt de la métaphore est double. D'une part, elle oblige à chercher des analogies, c'est-à-dire des ressemblances entre des objets ou des situations *a priori* distincts et distants. C'est donc un exercice de sortie de cadre. Par exemple, un poème de Boris Vian s'intitule « La vie, c'est comme une dent », ce qui, on en conviendra, ne saute pas aux yeux. D'autre part, l'exercice a d'autant plus d'intérêt que l'on pousse plus loin la métaphore, qu'on la « file » (pour employer le terme technique). En prenant une métaphore et en cherchant à la pousser le plus loin possible, on s'oblige à se triturer l'esprit et on se découvre souvent des ressources insoupçonnées.

Cherchez un maximum de points de ressemblance (au moins cinq) entre un ballon de football et une chaise.

Pour la solution, voir p. 235.

Enfin, le **paradoxe** est une affirmation apparemment contradictoire avec elle-même. Des phrases comme « Excusez la longueur de cette lettre, je n'ai pas eu le temps de faire plus court » (Voltaire) ou « Je refuserais de faire partie d'un club qui m'accepterait comme membre » (Groucho Marx) sont des paradoxes. À la différence des gags, les paradoxes reposent sur la signification des mots, sur leur rapport au réel, et non pas seulement sur leur forme. Formuler des paradoxes oblige ainsi à porter un regard critique ou candide sur la réalité et à formuler innocemment les contradictions qu'on y repère. C'est donc non seulement un exercice de virtuosité technique, mais d'abord et surtout un exercice de vigilance. (Notons qu'il existe aussi des paradoxes logiques, d'expression simple et de maniement compliqué, dont l'étude a pu mener au développement de nouvelles branches des mathématiques. Pour cette fois, nous n'irons pas jusque-là.)

S'entraîner aux gags, aux **jeux de mots** formels, fait passer par une étape de destruction du mot que l'on appelle en technique créative le **concassage**. Lewis Carroll, le père de *Alice au pays des merveilles*, a écrit de cette façon un invraisemblable poème intitulé « Jabberwocky », dont les mots ne veulent rien dire mais ont un formidable pouvoir d'évocation. Il faut oublier ce que le mot signifie pour en rechercher les voisinages phonétiques. Par exemple, justement, « phonétique » sonne comme « faux nez tics » ou « tiques ». Voilà une nouvelle race de puces à faux nez, dont on peut s'amuser à inventer l'histoire et le mode de vie... Tous les mots peuvent donner prétexte à ce genre de divertissement puéril, certes, mais dont la valeur d'entraînement est énorme. Si les pantalons s'appellent ainsi, pourquoi les shorts ne sont-ils pas plutôt appelés « pantacourts » ? Est-ce vraiment un hasard si, dans le mot « secrétaire », on trouve « secret » et « taire » ? Si le vice est quelque chose de répréhensible, que faut-il penser d'un vice-président ? Forcez-vous à prendre de temps en temps un mot et à le tourner sous tous les angles pour en faire sortir quelque chose. Vous verrez, avec l'entraînement, ça devient de plus en plus facile.

Un niveau au-dessus, vous pouvez chercher à inventer des histoires ou à composer des petits poèmes dont la morale ou la conclusion sera un jeu de mots de ce type. Cet exercice des « fables express » a été très souvent pratiqué par des gens aussi créatifs que l'humoriste Alphonse Allais ou le dessinateur Marcel Gotlib (deux auteurs dont, par ailleurs, nous ne saurions trop recommander la lecture). Voici, comme exercice, un petit texte en vers dont vous devez trouver la morale :

Lorsque viendra le crépuscule
Ne réglez jamais la pendule
Sur la ronde des policiers
Ils sont bien trop irréguliers !

Donnez-vous quelques minutes de réflexion... Pour vous aider, sachez que cette morale est la déformation d'un proverbe classique. Toujours pas ? Il s'agit de « L'agent ne fait pas la bonne heure ». Au passage rendons hommage à Yvan Delporte, responsable de journaux pour les jeunes, auteur de cette fable et « le Belge le plus drôle de sa génération ». En fait, le principe de l'exercice est simple : prenez une phrase ou une expression connue, faites-en une phrase nouvelle en y introduisant des jeux de mots puis, comme tout à l'heure avec « phonétique », essayez d'inventer une histoire qui justifie cette phrase que vous viendrez de forger. L'écrivain français Raymond Roussel, dont nous aurons l'occasion de reparler, a écrit plusieurs romans en s'inspirant de cette technique.

Le second type d'exercice que nous vous recommandons pour jouer avec les mots est la **métaphore**.

En fait, la recherche d'analogies est l'un des principes de base du fonctionnement de notre cerveau. Face à quelque chose de nouveau, notre premier réflexe est souvent de chercher en quoi ce quelque chose contient quelque chose de déjà connu, ou peut s'assimiler à quelque chose de déjà connu. C'est ainsi qu'on en arrive à parler tous les jours des « bras » d'un fauteuil, des « dents » d'un peigne ou de quelqu'un de « très brillant ». Lorsque nous devons expliquer à une personne ce dont elle n'a pas idée, nous sommes naturellement tentés de commencer notre explication par une comparaison ou un rapprochement. On dira à un enfant qu'une limace est « un escargot qui n'a pas de coquille » ou une fusée « un avion sans ailes »... C'est là une excellente démarche pédagogique. L'exercice de la métaphore consiste à pratiquer souvent cette démarche pour s'habituer à établir des relations entre des objets, de telle façon qu'elle devienne un véritable réflexe. De plus, nous vous proposons de ne pas vous arrêter au début de votre métaphore mais de la poursuivre, de la « filer » jusque dans ses dernières conséquences. De cette manière, vous vous habituerez à ne pas laisser vos idées inexploitées mais à chercher ce qui, dans une idée apparemment absurde ou impraticable, peut finalement être développé.

L'usage de la métaphore est une des clés du processus créatif, dans la mesure où le recours à des images, à des analogies, semble avoir joué un rôle essentiel dans beaucoup de découvertes scientifiques. Albert Einstein a pu écrire que sa pensée s'appuyait « sur des images plus ou moins claires de type visuel et parfois musculaire ». De même, le chimiste allemand August Kekulé découvrit en 1866 la structure circulaire de la molécule de benzène, qui paraissait jusqu'alors « impossible » à décrire, en faisant une analogie entre cette molécule et un serpent qui se mord la queue. S'habituer à composer des métaphores est donc un exercice du plus grand intérêt.

Dans la pratique, l'exercice peut revêtir deux formes. Vous pouvez choisir une idée, un concept ou un objet et lui chercher le plus grand nombre possible de métaphores en justifiant chaque fois le rapprochement que vous opérez. Vous pouvez aussi choisir une métaphore, que vous essaierez de pousser le plus loin possible. L'idéal est de combiner les deux techniques : efforcez-vous de trouver dix ou douze « bonnes » métaphores, puis choisissez-en une qui vous plaît particulièrement et développez-la.

• Par exemple, quelles métaphores pourrions-nous trouver pour décrire la Vérité ? Voici quelques idées prises au hasard, que vous pouvez enrichir des vôtres :

– la Vérité est comme un poisson d'argent qui vous glisse des doigts chaque fois que vous croyez le saisir ;

– la Vérité est comme un caméléon qui change d'aspect suivant les temps et les lieux ;

– la Vérité est comme un miroir : elle est toujours la même et pourtant chacun lui voit le visage qui lui convient ;

– la Vérité, c'est comme la sardine qui a bouché le port de Marseille : on en entend souvent parler mais personne ne l'a jamais aperçue ;

– la Vérité, c'est comme le permis de conduire : tout le monde l'a pour la théorie, mais pour la pratique, c'est une autre affaire ;

– etc.

Maintenant, prenons une de ces métaphores et essayons de la poursuivre. Si la Vérité est comme le permis de conduire, qui sont ceux qui ratent l'examen ? Ce pourront être, entre autres, les chercheurs scientifiques dont les expériences échouent, ou les experts dont les prévisions sont ridiculisées par les faits ou, d'une façon générale, les gens trop sûrs d'eux que la réalité se charge de rappeler à l'ordre. Mais qui sera l'autorité qui délivre le permis ? Ce peut être, là encore, la réalité ; mais n'y a-t-il pas aussi dans nos sociétés des « vérités officielles », admises ou inculquées, auxquelles il est préférable de sembler souscrire ? N'y a-t-il pas une certaine forme d'autorité qui décide quelles sont les « bonnes » et les « mauvaises » vérités ? Voilà que notre métaphore nous amène à une certaine prise de conscience… Poursuivons toujours. Qui sont ceux qui roulent sans permis ? Peut-être les rêveurs, les artistes, les poètes qui se sentent le droit de dire ce qu'ils veulent sans se soucier de la Vérité. Peut-être les romanciers et les comédiens, dont le métier est de raconter ce qui n'existe pas. Peut-être les « intellectuels » qui, sans souci de la réalité, justifient tout et n'importe quoi en fonction de la mode du moment… Vous voyez qu'on peut aller assez loin. Continuez vous-même pendant un moment, toujours sur cette analogie avec le permis de conduire : qui sont les gendarmes susceptibles d'arrêter les gens roulant sans permis ? Les entreprises d'auto-écoles ? Les marchands de voitures ? À quoi correspondrait une voiture d'occasion ? Une panne d'essence ? Bien entendu, il n'y a pas de « réponses justes » à ces questions, dont le seul but est de vous inciter à poursuivre votre réflexion. À chacun de trouver les réponses qui lui paraîtront les plus adaptées. L'important, c'est de trouver quelque chose tout seul.

Essayez de trouver au moins une métaphore pour chacun des exemples suivants :
– les dents, c'est comme…
– le climat, c'est comme…
– la respiration, c'est comme…
– le tennis, c'est comme…
– l'expérience, c'est comme…
– la peur, c'est comme…
– les autoroutes, c'est comme…
– un voilier, c'est comme…
Puis développez celle dont vous serez le plus satisfait, en la notant sur une feuille de papier pour voir combien de lignes vous serez capable d'écrire sur ce thème. Vous serez sûrement surpris de la richesse d'inspiration que vous allez vous découvrir !

Pour la solution voir p. 235.

Le troisième type d'exercice auquel nous vous proposons de vous livrer est plus difficile. Il s'agit du **paradoxe**.

Nous l'avons dit, le paradoxe est une phrase dont la formulation paraît contradictoire en elle-même. Ainsi, pour formuler des paradoxes, il faut être capable de découvrir derrière les choses une ou des caractéristiques qui créent une contradiction. C'est donc un exercice qui requiert vigilance, esprit critique, sens de l'observation et sens de la formule. Autant dire que ce n'est pas très simple. C'est pourquoi sans doute beaucoup de grands esprits l'ont révéré. « C'est, a dit le philosophe espagnol Miguel de Unamuno, le moyen le plus tranchant et le plus efficace de transmettre la vérité aux endormis et aux distraits. »

En fait, avec un minimum d'attention, on peut trouver dans l'environnement quotidien mille occasions de composer des paradoxes. Par exemple, on peut s'intéresser de près au nom des choses et à la fonction qu'elles remplissent ou prétendent remplir. Vous connaissez les « Séries spéciales » ? On appelle ainsi les objets de consommation ou les biens d'équipement (voitures, par exemple) décorés de façon particulière. Ce nom est en lui-même un paradoxe : « série » signifie objet fabriqué en grandes quantités, alors que « spéciale » voudrait indiquer un objet fait sur mesure. Une série spéciale est donc un objet fabriqué de façon individualisée à un très grand nombre d'exemplaires. Autre exemple : le 1er mai est la « Fête du travail », c'est-à-dire un jour où justement on ne travaille pas... Dans le même ordre d'idées, lorsqu'on entend que tel ou tel syndicat appelle à une « journée d'action », cela signifie le plus souvent que ce jour-là il va exhorter ses adhérents à ne rien faire.

• À titre d'exercice (un peu difficile), comment justifieriez-vous l'affirmation paradoxale suivante : « Pour que deux choses soient différentes, il faut d'abord qu'elles soient identiques » ?

En fait, il est clair que pour qu'il y ait différence entre deux objets, il doit y avoir comparaison. Et pour qu'il puisse y avoir comparaison, il faut que les objets comparés puissent d'une façon ou d'une autre être mis sur un même plan. Comme le dit l'écrivain anglais G. K. Chesterton (à qui nous devons cet exemple), « le lièvre le plus rapide ne peut être plus rapide qu'un triangle isocèle ou que l'idée du rose ». Pour que le lièvre soit différent de la tortue en étant plus rapide, il faut d'abord qu'il soit identique à la tortue en étant capable de se mouvoir. Voilà l'exemple d'un paradoxe qui exige une certaine dose de réflexion et une bonne capacité de remise en cause. Nous conseillons d'ailleurs fortement la lecture de G.K. Chesterton comme professeur de fausse naïveté.

Découvrir autour de vous des occasions de paradoxes pourra vous paraître difficile à première vue. Aussi, soyez attentif. Efforcez-vous d'en repérer un par jour. Ensuite, l'habitude aidant, vous en viendrez à augmenter progressivement la dose. En même temps, vous deviendrez de plus en plus habile pour distinguer les incohérences ou les bizarreries dans ce que vous pourrez entendre. Notons qu'à cet égard le discours des journalistes télévisés est un terrain d'entraînement particulièrement riche. Par exemple, pour finir, n'y a-t-il pas quelque chose d'un peu paradoxal, compte tenu de ce que l'on sait sur la difficulté à faire passer parfaitement un message, dans l'expression « un flash d'information » ?

Interrogez-vous sur les évidences

La composition de paradoxes est un exemple, portant sur les mots et les choses, d'une attitude plus large qui consiste à s'interroger systématiquement sur les évidences.

Nous l'avons déjà dit, beaucoup de tâches dans notre vie quotidienne sont effectuées par **routine**, de façon réflexe et quasi mécanique. Il en va ainsi pour la conduite d'une voiture, pour le trajet qui nous conduit tous les matins sur notre lieu de travail, etc. Cette « mécanisation » offre pas mal d'avantages. Elle libère notre capacité de réflexion et nous permet ainsi de nous livrer pendant ce temps à des activités intellectuelles plus complexes. Elle offre aussi une certaine garantie de succès dans les petites choses, l'automatisme aidant à effectuer la suite d'opérations qui mènent à la réussite de la tâche. Mais elle a deux contreparties fâcheuses.

D'une part, **elle nous rend peu ouverts aux changements**. Donnons un instant la parole au célèbre psychologue Konrad Lorenz : « Même chez l'homme civilisé adulte, l'habitude, une fois enracinée, devient plus puissante qu'on ne voudrait se l'avouer. Je me suis une fois rendu compte soudainement qu'en roulant en voiture dans la ville de Vienne j'empruntais toujours, pour me rendre dans un certain endroit et pour en revenir, deux itinéraires différents, et cela à une époque où les sens uniques qui auraient pu m'y obliger n'existaient pas encore. En me rebiffant contre cet "animal à habitudes" que je découvrais en moi, j'essayai alors de prendre le chemin du retour pour l'aller et vice versa. Le résultat étonnant de cette expérience fut un sentiment très net d'inquiétude anxieuse, tellement désagréable que, dès le premier retour, je choisis le trajet habituel. (...) Même si un être humain n'ignore pas que telle ou telle habitude enracinée remonte à une origine purement fortuite et que le fait de l'enfreindre ne peut engendrer aucun danger, une excitation indéniablement anxieuse le pousse à y rester fidèle. » C'est de cette façon que tant de gens se retrouvent dans des embouteillages, simplement parce qu'ils répugnent à prendre un nouveau chemin. L'habitude acquise devient un trait de notre personnalité, dont la modification ou simplement la remise en cause présente pas mal de difficultés.

D'autre part, ces routines et ces habitudes développent chez chacun de nous une véritable vision du monde. C'est qu'en effet, si les habitudes acquises sont fortes, combien plus fortes sont les habitudes enseignées dès l'enfance, celles dans lesquelles nous baignons depuis notre plus jeune âge ! Ce sont de telles habitudes qui ont pour nous valeur d'évidences ; ce sont elles qui exigent les plus gros efforts pour être bouleversées. Par exemple, nous autres continentaux avons une tendance naturelle à penser que les Anglais conduisent du « mauvais » côté de la route... Cette tournure d'esprit égocentrique est de tous les lieux et de tous les temps. Ainsi, les tours de Notre-Dame de Paris ne sont pas similaires, elles diffèrent par le nombre de statues et de colonnes de leurs façades. Mais la plupart des gravures de la fin du XIXe et du début du XXe siècle montrent des tours symétriques. Les dessinateurs, à cette époque férue d'ordre et d'organisation, ont représenté Notre-Dame non pas telle qu'elle *est* mais telle qu'ils la *voyaient,* c'est-à-dire telle qu'ils pensaient qu'elle devait être. Un peu plus tôt, vers le milieu du XIXe siècle, le grand physicien François Arago (auteur de nombreuses découvertes en magnétisme et en optique) avait écrit un traité dans lequel il démontrait que l'organisme humain ne pourrait pas résister à un voyage en chemin de fer.

On sc rcnd compte, à l'étude, que toutes les révolutions scientifiques, artistiques ou autres se sont faites plus ou moins en réaction contre ces « évidences » culturelles. C'est d'ailleurs pourquoi on les appelle des révolutions. Lorsque le sculpteur Brancusi, en 1913, envoya ses statues aux États-Unis pour y être exposées, la douane taxa certaines d'entre elles comme « blocs de marbre », refusant d'y voir des œuvres d'art. L'invention de la perspective, l'impressionnisme, le cubisme (pour ne citer que quelques exemples) ont chaque fois représenté une remise en cause des « règles » artistiques de leur temps. « Toutes les grandes vérités, dit George Bernard Shaw, commencent par être des blasphèmes. »

Sans aller forcément si loin, nous vous proposons d'**être à l'affût des évidences** et de vous demander, de temps à autre, si elles sont vraiment si évidentes que ça. Par exemple, pour nous, le Soleil est l'astre-roi, symbole de force et de puissance, archétype de la domination virile ; de son côté, la Lune symbolise plutôt le mystère, l'aspect doux et changeant de la nature féminine. Mais savez-vous qu'en allemand « Soleil » est du féminin et « Lune » du masculin ? Autres exemples de « questions bêtes » : pourquoi dit-on : « se promener *dans* la rue, *dans* l'avenue et *sur* le boulevard » ? Pourquoi les billets de banque sont-ils toujours rectangulaires et non pas carrés, ce qui permettrait de mieux les différencier ? Pourquoi la plupart des voitures ont-elles une clé pour le contact et une autre (voire deux) pour le coffre et les portières ? Pourquoi la plupart des montres et des réveils portent-ils douze chiffres et non pas vingt-quatre ? Notre environnement quotidien est ainsi truffé d'évidences que nous ne considérons comme telles que pour en avoir pris l'habitude.

La capacité à **remettre en cause les évidences** est un élément essentiel de l'état d'esprit créatif. Mais cette capacité exige elle-même un effort intellectuel, donc un entraînement. À titre d'exemple, voyons comment vous réagissez à cette anecdote, rapportée par F. Vidal.

• Pendant la bataille du Pacifique, un ingénieur de l'aviation américaine cantonné sur une petite île observe les avions de retour à la base. La mission a été difficile : plusieurs pilotes ont été abattus et les appareils de ceux qui reviennent sont pour la plupart truffés d'éclats d'obus ou troués par les rafales ennemies. Un groupe de mécaniciens commente la situation. Les coques des avions sont fragiles, disent-ils ; il faudrait les renforcer aux endroits où l'on voit les plus gros trous... L'ingénieur se tourne alors vers les mécaniciens. « Ce n'est pas tout à fait exact, leur dit-il. Renforcez les appareils prioritairement là où il n'y a pas de trous. »

Que s'est-il passé dans la tête de l'ingénieur ? Pourriez-vous reconstituer le cheminement de sa pensée ?

En fait, il a refusé une évidence, ce qui lui a permis d'en voir une autre, tellement grosse qu'elle en passait inaperçue. Tous les avions endommagés ont pu regagner la base, ce qui montre que les dégâts subis n'ont pas été assez importants pour empêcher leur fonctionnement. En revanche, d'autres avions ne sont pas revenus, ce qui montre que les appareils sont vulnérables aux tirs ennemis. Il faut donc bien renforcer leurs coques, mais les endroits auxquels les survivants ont été touchés sont d'importance secondaire par rapport aux endroits où ils n'ont *pas* été touchés. En dépassant le réflexe « évident » qu'inspirait la situation (réparer les dégâts), notre ingénieur a mis le doigt sur le véritable problème.

Ainsi en est-il de l'évidence : il faut **voir la réalité avec des yeux neufs pour se rendre compte qu'elle ne va pas de soi**. C'est d'ailleurs ce qui, souvent, fait le charme des mots d'enfants. Aussi, efforcez-vous de retrouver l'état d'esprit enfantin face aux règles que l'éducation vous a habitué à admettre… À ce prix, un royaume vous attend.

Trouvez trois explications à l'anecdote suivante : « Lors de la première traversée de l'Atlantique par le paquebot *Queen Elizabeth II,* une mère et son enfant ont pu faire le voyage sans payer et sans être inquiétés. »

Pour la solution, voir p. 235.

Cherchez le côté positif des choses

C'est un lieu commun d'affirmer que toute médaille a son revers. Mais comme, à lire ces pages, vous développez des réflexes à chaque instant meilleurs, vous en conclurez immédiatement que chaque revers a sa médaille. Comme Victor Hugo, nous devons nous réjouir « que les épines aient des roses » et, en toute occasion, chercher à **tirer le positif de ce qui arrive**.

Par cette formule, nous ne vous invitons pas à une contemplation délibérément optimiste et béate de l'univers. Il ne s'agit pas de se réjouir stupidement du moindre accident en se disant que « ça pourrait être pire » ; mais d'adopter face aux événements une tournure d'esprit créative qui vous fera rebondir sur vos échecs pour en tirer des occasions de victoire.

Prenons quelques exemples.

• En 1968, Antoine Riboud est le patron de la société de verrerie BSN. Pour assurer son développement, il tente de prendre le contrôle de l'un de ses concurrents, les verreries de Saint-Gobain. Mais, après une longue bataille financière, il échoue. Faisant de cet échec une occasion de repartir, Antoine Riboud lance alors BSN vers l'activité agroalimentaire, l'une des plus grandes utilisatrices de verre. En quelques années, les acquisitions de produits employant des emballages verriers se succèdent : bières Kronenbourg, eaux minérales Évian, yaourts Gervais-Danone… BSN, au fil du temps, abandonne ses activités verrières et se concentre sur son nouveau métier. Il est aujourd'hui le numéro un français de l'agroalimentaire. Sans l'échec de 1968, une telle réussite se serait-elle produite ?

• En 1879, les ouvriers de l'usine fabriquant le savon Ivory de la société américaine Procter & Gamble firent une erreur de manipulation. Il en résulta un produit inattendu et quelque peu hérétique : un savon qui flottait. Mis au courant de l'incident, les dirigeants de l'entreprise virent tout de suite le parti publicitaire qu'ils pouvaient en tirer. Aujourd'hui, plus d'un siècle après cette erreur de fabrication, le savon Ivory est toujours l'un des produits phares de la société. Et il flotte toujours.

• La même histoire, à peu de chose près, s'est reproduite plus récemment au sein de la société 3M. Cette société fabrique essentiellement des produits à base d'adhésifs – et elle cherche en permanence à améliorer la qualité et l'efficacité de ses colles. C'est précisément ce que tentait de faire le chimiste Spence Silver lorsque, par curiosité, il tenta un mélange dont le résultat fut… une colle qui ne collait pas vraiment. Sans trop savoir à quoi ce produit, totalement inexistant jusqu'alors, pourrait bien servir, Silver s'obstina (tout en continuant par ailleurs son travail) à proposer son « bébé » aux responsables de 3M. Cela dura cinq ans, de 1968 à 1973, le plus remarquable étant que pendant toutes ces années personne ne donna à Silver l'ordre de laisser tomber… En 1974, Arthur Fry, un collègue de Silver, eut une illumination : dirigeant chaque dimanche la chorale de son église, il devait marquer les pages de son livre de chants avec des bouts de papier qui tombaient régulièrement au moindre faux mouvement. Pour résoudre cette difficulté, Fry songea à utiliser des papiers enduits de cette « colle qui ne collait pas ». Le concept du Post-It était trouvé. Aujourd'hui, les petits papiers multicolores sont un objet de bureau inévitable ; ils ont envahi le monde et constituent l'un des produits piliers de la société 3M.

Ces exemples illustrent bien ce que l'on peut entendre par « chercher le positif ». Ils nous enseignent que tout problème, toute difficulté, porte en soi les germes d'une réussite. La capacité à tirer parti de ses erreurs pour les changer en opportunités est la marque d'un esprit réellement créatif. Mais ils nous enseignent aussi à ne pas rejeter une idée *a priori*, sous prétexte qu'elle paraît de prime abord farfelue ou impraticable. Le véritable réflexe créatif consiste à savoir s'accrocher, à accepter une proposition originale et à la pousser jusqu'à en faire sortir quelque chose de valable (parfois fort éloigné de l'idée de départ, mais qu'importe ?). Être créatif, c'est aussi ne pas s'effaroucher devant quelque chose d'inhabituel mais savoir bâtir dessus une autre chose ; c'est savoir **utiliser les événements comme des tremplins** au lieu de les subir.

Notons tout de suite deux points à ce sujet, sur lesquels nous aurons l'occasion de revenir. Le premier, c'est que cette démarche volontariste consistant à « sauver » à tout prix une idée peut être adoptée de façon systématique, voire devenir partie intégrante d'une culture d'entreprise. Nous en reparlerons dans la partie consacrée aux techniques de groupe. Le second, c'est que celui qui adopte la tournure d'esprit « positive » (au sens où nous l'avons décrite) acquiert de ce fait une très grande liberté d'esprit face au risque. Habitué à tirer parti de ses erreurs, il craint moins d'en faire et, par conséquent, il hésite d'autant moins à se lancer sur des voies nouvelles ou à explorer des pistes originales. Il devient donc encore plus créatif, puisque moins prisonnier des routines... On voit que l'état d'esprit créatif ne s'use que si l'on ne s'en sert pas.

Malheureusement, il n'y a pas d'exercice ou de gymnastique à pratiquer pour développer sa capacité à chercher l'opportunité qui se cache derrière chaque problème. Tout au plus pouvons-nous vous indiquer une **discipline intellectuelle**... Essayez de bien vous rappeler les points suivants et de les appliquer de façon systématique dans votre vie privée comme dans votre activité professionnelle :

1. Lorsque vous êtes amené à faire un commentaire ou lorsque l'on vous demande votre avis, efforcez-vous de toujours **commencer par une phrase positive**. Il y a gros à parier que c'est un mot négatif qui vous viendra le plus spontanément à l'esprit (rassurez-vous, c'est le cas pour tout le monde) ; alors faites l'effort de le retenir et de ne l'exprimer qu'après avoir trouvé quelque chose à dire qui aille dans le sens de ce qui vous est proposé. Rien que cela suffira à modifier votre façon de voir les choses et vous aidera à « rebondir » sur l'idée qui vous est soumise.

2. Si une idée ou une proposition ne vous satisfait pas, efforcez-vous de **ne pas** la **rejeter en bloc** mais de prendre le temps de la **découper** en éléments simples pour distinguer clairement ce qui ne vous convient pas et ce qui pourrait être retenu.

3. De même, si un événement désagréable ou fâcheux se produit, essayez de voir en quoi les modifications que cet événement a pu entraîner ont fait disparaître d'autres choses qui vous gênaient, ou ont fait naître des occasions que vous attendiez. Par exemple, une personne qui regrettait de ne pas avoir de temps pour apprendre l'anglais a commencé de prendre des cours… le jour où elle s'est fracturé le bassin dans un accident de moto.

Enfin, toujours dans le cadre de cette « hygiène intellectuelle », rappelez-vous de **savoir prendre des risques** et de ne pas empêcher vos collaborateurs d'en prendre. Sans que cela doive mettre en péril votre santé ou vos affaires, dites-vous bien qu'une dose de risque, c'est-à-dire d'audace, est fatalement à la racine de toute innovation. Créer, c'est faire quelque chose qui n'a pas été fait avant. C'est donc forcément avancer sans garantie de succès.

Seuls l'audace et le risque sont générateurs de progrès et, pour faire un paradoxe (dont nous connaissons maintenant les vertus), disons qu'il n'y a rien de plus dangereux dans les affaires que de vouloir trop de sécurité. Si vous voulez encourager l'état d'esprit créatif, chez vous comme chez les autres, soyez ouvert à la prise de risque.

• Il y a quelques années, un chef d'entreprise licencia pour faute professionnelle l'un de ses collaborateurs qui, à la suite d'une erreur d'appréciation, avait fait perdre pas mal d'argent à la société. Comme il s'agissait d'un travail assez spécialisé, le collaborateur licencié ne retrouva un emploi que... chez un concurrent de son précédent patron. Celui-ci nous confia alors : « J'ai été stupide, Dupont a été échaudé par son erreur et sera plus efficace à l'avenir ; mais c'est mon concurrent qui en profitera alors que c'est moi qui ai payé pour l'expérience ! Si j'avais gardé Dupont, l'argent qu'il a perdu dans cette histoire m'aurait au moins servi à quelque chose. » Il avait pris conscience, un peu tard, de la valeur positive de l'échec.

> **Réfléchissez au paradoxe suivant :**
> **« Il n'y a rien de pire qu'un expert pour entraver le progrès dans son domaine. »**

Pour la solution, voir p. 236.

Cherchez midi… à quatorze heures

Les études qui ont pu être faites sur le processus d'invention ou de création montrent que celui-ci fonctionne comme le rapprochement d'éléments habituellement éloignés. Nous avons déjà eu l'occasion d'évoquer ce mécanisme dans les pages précédentes. Mais sur le plan pratique, on peut en tirer une conclusion immédiate : plus on a de connaissances dans des domaines différents et plus on a de chances d'être « créatif ».

C'est une simple question de calcul des probabilités. Si vous avez énormément de connaissances dans un domaine très restreint, mais si vous n'avez que cela, il y a peu de chances que vous puissiez connecter d'une façon originale ces connaissances entre elles. Au contraire, si vous avez des notions de base dans un nombre très étendu de domaines, vous augmentez la probabilité que naissent dans votre esprit des relations nouvelles.

Pour augmenter votre potentiel créatif, il faut donc chercher à augmenter les connaissances que vous pouvez avoir.

Toute la difficulté vient de ce que les connaissances ainsi acquises ne doivent pas être stockées dans un « tiroir » bien précis de votre cerveau, avec sur le tiroir une étiquette définitive. Il faut, au contraire, que ces idées puissent servir pour tout et n'importe quoi, qu'elles flottent entre deux eaux dans votre esprit, sans affectation ni catégorisation vraiment définie. Pour cela, tous les exercices d'entraînement que nous avons indiqués précédemment vous seront fort utiles. Mais il faut encore que vous ayez à cœur d'acquérir des connaissances et des informations hors de toute démarche « scolaire » ; il faut que vous appreniez par hasard et par plaisir.

Heureusement, notre environnement quotidien fourmille de ce type d'informations. Inutile de dévaliser la bibliothèque d'un lycée technique ou de dévorer des encyclopédies jusqu'à l'indigestion ! Intéressez-vous déjà à ce qui se passe autour de vous et – c'est tout bête mais c'est très peu fréquent – **posez des questions** naïves à ceux qui savent. Par exemple, dans le métro, vous pouvez rencontrer un technicien occupé à réparer un portillon automatique. Pourquoi ne pas en profiter pour lui demander comment fonctionne (en gros) le système de codage et de lecture d'un ticket ? Il sera sûrement flatté et ravi de prendre cinq minutes de repos pour vous répondre... Savez-vous comment marche une jauge de réservoir à essence ? Posez donc la question à votre garagiste lorsque vous ferez la prochaine révision de votre voiture. De même, un chauffeur de taxi saura vous expliquer le système de gestion du parc de voitures dans sa compagnie ; un coiffeur, les différences entre tel ou tel type de laque ou de shampooing, etc. Toutes ces informations, sans véritable utilité pratique, iront rejoindre le stock « Divers et bizarre » quelque part dans votre cerveau, jusqu'au jour où vous irez les chercher pour résoudre par analogie (et sans même en avoir conscience) un problème qui se présentera à vous.

En fait, tout objet manufacturé que nous rencontrons dans notre vie quotidienne représente une double trouvaille créative. D'une part, il est la réponse à un besoin ou à une attente, donc il a été novateur à un moment ou à un autre. D'autre part, il a fallu, et il faut encore, pour le fabriquer, résoudre de manière nouvelle des difficultés inattendues. Pour illustrer cette idée, prenons le cas des pommes de terre, celles qui servent par exemple à fabriquer de la purée en flocons. Ces pommes de terre suivent tout au long des chaînes de fabrication un processus qui permet de les laver, de les éplucher, de les découper, de les cuire… jusqu'à obtention de flocons de purée. Mais au départ, quand elles sont livrées en benne après cueillette, comment faire pour trier efficacement des pommes de terre d'une taille donnée parmi lesquelles peuvent s'être glissés des cailloux de même grosseur ? Voilà un problème tout bête, à la résolution duquel vous pouvez réfléchir un moment… Vous verrez que ce n'est pas si simple.

À cet égard, la visite d'une usine est souvent source de surprises : on n'imagine pas la somme d'astuce et d'ingéniosité qui se déploie dans un processus de fabrication. C'est pourquoi, prendre le temps de réfléchir à la conception et à la fabrication d'un seul objet est déjà un exercice quotidien très enrichissant. Vous utilisez souvent un stylo-bille ; mais comment pensez-vous qu'il soit fabriqué ? N'oubliez pas qu'il s'en fabrique d'énormes quantités par jour, à la chaîne… Comment fait-on pour introduire automatiquement le tube de plastique mou contenant l'encre dans le tube de plastique dur qui constitue le corps, et cela à cadence industrielle ? Comment feriez-vous, vous, pour résoudre ce problème ? C'est en posant et en vous posant ce genre de questions « naïves » que vous pouvez augmenter votre stock de connaissances disponibles. Par la même occasion, vous porterez sur le monde qui nous entoure un regard neuf et rafraîchissant, ce qui constitue une excellente prévention contre l'ennui et la déprime.

Pour vous habituer à utiliser ces connaissances venues de tous horizons et à les connecter entre elles, vous pouvez aussi vous amuser à chercher des analogies. C'est un principe de jeu qui rejoint un peu celui de la métaphore. Il consiste à prendre deux objets ou deux situations au hasard, et à s'efforcer de leur trouver au moins six ou huit points de ressemblance. Vous pouvez chercher ces points dans toutes les directions, l'important est de trouver le nombre de réponses que vous vous êtes fixé.

Par exemple, on trouve dans *Alice au pays des merveilles* la devinette suivante (à laquelle il n'est pas donné de réponse) : Pourquoi un corbeau ressemble-t-il à un bureau ? On pourrait répondre, entre autres choses : que les deux se terminent par le son « eau » ; que les deux ont quelque chose à voir avec une plume (qu'elle serve à voler ou à écrire) ; ou que les deux peuvent être noirs avec de très beaux reflets brillants…

De façon un peu similaire, vous pouvez essayer d'imaginer les utilisations non conformistes que l'on pourrait faire d'un objet quelconque. Prenez un objet au hasard, par exemple un livre. Qu'est-ce que vous pourriez faire avec ? Efforcez-vous de trouver au moins dix utilisations possibles autres que « le lire ». Pour corser un peu l'exercice, imaginez que vous êtes naufragé sur une île déserte : comment pourriez-vous tirer le meilleur parti des objets que les vagues rejetteraient sur la plage ? Que pourriez-vous faire d'un piano, d'un lustre, d'une valise vide ? Voilà un très bon entraînement pour regarder les choses d'un autre œil. Pour ce qui est du livre, vous pourriez par exemple en découper les mots pour composer une lettre anonyme, l'utiliser pour caler une table ou une chaise, le brûler, vous en servir comme presse-papiers, l'échanger contre quelque chose, en utiliser le papier pour faire un bouchon… À vous de trouver d'autres idées.

Au fait, à propos des pommes de terre… Une première approche consiste à se dire qu'entre un légume et un caillou de même grosseur, c'est le poids qui fait la différence. On peut donc penser à installer une balance et à faire passer les pommes de terre dessus, avec un système qui éjecterait les objets dépassant un certain poids. On peut aussi, en allant plus loin, se dire que les pommes de terre peuvent flotter beaucoup mieux que les cailloux. D'où l'idée créative consistant à faire passer le tapis roulant de légumes dans une cuve assez profonde, remplie d'eau salée, au fond de laquelle fileront tous les cailloux indésirables… Astucieux, non ?

Quant aux stylos-billes, nous ne savons pas quelle est au juste la technique employée.

POUR NOUS RÉSUMER : PENSER CHAQUE JOUR À...

– apporter **au moins deux réponses** à toute question ;

– repérer les **significations implicites** que les mots peuvent véhiculer pour nous et qui nous enferment dans de fausses contraintes ;

– **jouer avec les mots**, les triturer et les mettre sens dessus dessous pour en tirer gags et historiettes ;

– s'amuser à **filer des métaphores** et à composer des **paradoxes** ;

– ne pas hésiter à **remettre en question les évidences** et ce que l'habitude nous fait voir comme allant de soi ;

– toujours commencer un commentaire de **façon positive** ;

– toujours chercher à **adapter une proposition** avant de la rejeter ;

– s'efforcer de **tirer profit des événements** ;

– ne pas bannir le **risque** ;

– enfin, **être curieux de tout**, s'informer et s'interroger en toute occasion.

QUAND METTRE EN ŒUVRE SA CRÉATIVITÉ ?

Dans la partie précédente, nous avons indiqué quelques exercices d'entraînement quotidien à la créativité. Leur but est d'assouplir votre « muscle créatif », de la même façon que la gymnastique vous permet de maintenir en bonne forme vos muscles véritables. Cette pratique quotidienne d'assouplissement joue un rôle important, mais elle n'est pas suffisante. Comme en sport, la gymnastique doit s'accompagner de pratique.

Or, on n'est pas tous les jours confrontés à des questions ou à des problèmes exigeant une solution créative. Il faut donc chercher – ou faire naître – des occasions d'exercer ses facultés de créativité. Heureusement, nous allons le voir, ces occasions ne manquent pas. Dans ce chapitre, nous vous en proposons quelques-unes, accompagnées de « trucs » qui vous permettront, si vous les appliquez, d'améliorer encore vos performances créatives.

La question « Et si... ? »

Puisque nous n'avons pas de problème tout prêt à résoudre, soyons créatifs : inventons-en ! C'est sur ce principe que fonctionne le jeu du **« Et si... »**.

Ce jeu s'apparente un peu à la remise en cause des évidences, mais aussi à la fabrication des métaphores. Dans votre activité professionnelle, dans votre vie quotidienne, beaucoup de décisions sont prises parce que certains éléments sont considérés comme acquis ou immuables. Vous savez que le courrier, l'eau et l'électricité arrivent normalement chez vous ; vous savez que le but de votre activité (si vous travaillez dans le privé) doit avoir pour résultat au bout du compte d'augmenter le profit de l'entreprise ; vous savez à peu près ce que vous allez trouver dans la boîte quand vous achetez un produit de telle ou telle marque, etc. Nous vous proposons d'exercer votre créativité en imaginant ce que vous feriez si l'une ou l'autre de ces données « acquises » disparaissait.

• Par exemple, demandez-vous : « Et si le coût du téléphone était multiplié par mille ? » Quelles en seraient les incidences sur votre travail et l'endroit où vous travaillez ? Il est probable que l'utilisation du téléphone serait sérieusement réduite. Du coup, avoir un téléphone dans son bureau deviendrait un signe de statut. Les communications personnelles au bureau seraient fortement découragées ; mais comme elles ne peuvent pas disparaître, on installerait des cabines à cartes ou à pièces dans un endroit de l'entreprise accessible à tous les employés (peut-être le hall d'accueil). En même temps, il faudrait rechercher des moyens de communication plus économiques. Lesquels ? Le courrier, peut-être : la pratique de la lettre ou de la note reprendrait toute l'importance qu'elle pouvait avoir au début du siècle. Il faudrait écrire de façon claire, précise et concise. Il faudrait aussi apprendre à rentabiliser un appel, par exemple en notant sur un papier tous les sujets à aborder avec son interlocuteur avant de décrocher le combiné, et en attendant pour appeler d'avoir plusieurs points à traiter. De même, la pratique du coup de fil de dernière minute, par exemple pour décommander un rendez-vous, se ferait plus rare ; il faudrait donc apprendre à mieux s'organiser. Comment feriez-vous ? Et à la maison, comment cela se passerait-il ? Difficile d'appeler trop souvent les amis pour prendre de leurs nouvelles : la correspondance et les invitations prendraient une importance accrue, d'où peut-être une réorganisation du temps entre travail et vie privée...

Le jeu consiste, vous le voyez, à pousser le plus loin possible les conséquences d'un phénomène « irréaliste » et à imaginer de quelle façon vous y feriez face (en n'oubliant pas d'en rechercher les aspects positifs).

Chemin faisant, vous pouvez trouver des idées qui seront de toute façon applicables dans votre véritable environnement. Par exemple, que pensez-vous de cette idée que vous avez eue de faire installer une cabine téléphonique dans le hall d'accueil ? Vos visiteurs apprécieraient peut-être. Et cette autre idée qui vous est venue, de noter systématiquement sur un papier tous les points à voir avec quelqu'un avant de l'appeler ? Si vous en faisiez une règle d'organisation personnelle ? Ainsi, à partir d'une réflexion un peu délirante, vous imaginez des solutions à des problèmes que vous ne vous étiez jamais posés et qui pourtant existent peut-être.

Notons au passage cette technique consistant à prendre un point de départ tout à fait irréaliste pour déboucher finalement sur des idées concrètement utilisables. Il s'agit d'un procédé appelé « éloignement », sur lequel nous aurons l'occasion de revenir.

Cet exercice du « Et si… » peut sembler puéril à première vue. Néanmoins, il peut se révéler extrêmement fécond. Il a donné naissance, entre autres, à toute la littérature d'anticipation et de science-fiction. Le chef-d'œuvre d'Isaac Asimov, *Fondation,* a pour point de départ l'interrogation : « Et si on pouvait mettre l'Histoire en équations ? » tandis que René Barjavel a écrit *Ravages* en partant de la question : « Et si l'énergie électrique disparaissait de notre planète ? » Il nourrit également la réflexion philosophique ; dans *Variétés,* Paul Valéry se livre à une méditation profonde sur l'organisation du monde social à partir de la question : « Et si une maladie mystérieuse détruisait sans recours tout le plaisir qui existe ? » Enfin, on connaît les conséquences d'une question *a priori* aussi farfelue que : « Et si je pouvais me déplacer plus vite que la lumière ? »

À un niveau plus quotidien, la pratique fréquente du « Et si… » doit vous permettre, en remettant en cause des éléments stables de votre environnement, d'imaginer des améliorations ou même d'anticiper de véritables problèmes. Par exemple, en réfléchissant à : « Et si nous n'avions qu'un seul bras ? » vous pourriez trouver un moyen d'améliorer le packaging des produits que fabrique votre entreprise ; ou un nouveau type de service à proposer à votre clientèle ; ou tout simplement une façon de faire meilleur accueil aux personnes handicapées…

Amusez-vous par exemple à réfléchir aux questions suivantes :
– et si d'un seul coup le produit le plus vendu de votre entreprise était interdit à la vente ?
– et si la publicité devenait illégale ?
– et si l'eau courante n'existait pas ?

- et s'il était interdit de se maquiller ?
- et si tout le monde devait pratiquer obligatoirement deux langues étrangères ?
- et si le pétrole et le gaz étaient supprimés ?
- et si la télévision devait programmer obligatoirement 60 % d'émissions sportives ?
- et si tout employé ayant fait l'objet de plaintes de la part de trois clients était automatiquement licencié ?
- et si chaque citoyen n'avait droit qu'à vingt litres d'essence par mois pour sa voiture ?
- et si on découvrait que regarder sa télévision donne le cancer ?

Essayez d'imaginer, dans chaque cas, ce que seraient pour vous les conséquences de cette situation. Comment feriez-vous pour y faire face ? À quelles décisions, à quelles nouvelles activités, à quelles actions seriez-vous amené dans ce nouveau cadre ? Quels avantages cette situation nouvelle pourrait-elle avoir pour vous ? Pour votre famille ? En quoi votre travail et votre vie personnelle en seraient-ils modifiés ? Et la vie sociale ? La vie politique ? L'économie nationale ? Le monde de l'industrie ? Efforcez-vous de pousser votre réflexion le plus loin possible, dans le maximum de domaines. Vous serez surpris vous-même des réflexions que ce jeu vous inspirera ; et surtout des idées nouvelles qu'il vous fera trouver.

Avec un peu d'entraînement, vous pourrez même vous amuser à réfléchir sur des hypothèses éloignées de votre travail ou de votre quotidien, et carrément irréalistes. Vous pourrez essayer d'imaginer les conséquences pratiques de suppositions aussi apparemment farfelues que : « Et si la couleur normale du ciel était le rouge ? » ou : « Et si la Terre s'arrêtait de tourner ? » L'intérêt de l'exercice, au-delà de son côté ludique, est double. D'une part, il vous fera considérer les choses sous un angle neuf tout en entraînant votre imagination. D'autre part, il pourra faire naître en vous des idées nouvelles dont, suivant les règles du chapitre précédent, vous aurez à cœur de faire des idées réalistes en cherchant ce qu'elles pourront avoir de positif et d'exploitable…

Un dernier point : il n'y a rien de plus fugitif qu'une idée. Alors, puisque vous pouvez vous livrer n'importe où au jeu du « Et si… », ayez toujours sur vous un bout de papier, un petit carnet ou quoi que ce soit pour vous permettre de noter vos idées sitôt qu'elles viennent. Et notez-les !

Inventer des histoires ou des jeux

Vous avez peut-être de jeunes enfants, avec lesquels vous êtes parfois coincé à la maison par un après-midi pluvieux. Ou bien il vous est arrivé de passer avec des amis un week-end au cours duquel les soirées se sont un peu traînées… Voilà des occasions dans lesquelles vous pouvez faire preuve de créativité, en inventant des histoires ou des jeux.

Création d'histoires

Inventer une histoire pour la raconter à ses enfants est une très belle application de sa créativité personnelle. Si vous essayez de le faire, vous vous rendrez vite compte que le difficile est de commencer, de trouver un point de départ susceptible de donner naissance à des développements riches. Pour trouver un tel point de départ, il existe quelques trucs.

Le premier a déjà été évoqué : il consiste à chercher un démarrage « farfelu », c'est-à-dire sans prise avec le réel, par exemple en prenant un mot et en le concassant, Nous avions pris comme exemple le mot « phonétique ». Tout l'art consiste ensuite à ne pas rejeter l'idée comme justement trop farfelue ; mais au contraire (voir chapitre précédent !) à chercher comment en faire sortir quelque chose qui puisse devenir une histoire. L'écrivain français Raymond Roussel s'était fait au début du siècle une spécialité de ce type de récit : il prenait une phrase dont il modifiait un ou deux mots en conservant leurs sonorités, et s'imposait d'inventer une histoire à peu près cohérente débutant par la phrase originale et finissant par la phrase modifiée. Ainsi, le récit d'un pique-nique par Roussel commence par : « Le choc des gouttes sur le pépin du citron... » et s'achève par : « Le choc des gouttes sur le pépin du mitron », le mot « pépin » désignant alors un parapluie.

Cette façon de procéder nous montre d'ailleurs un autre moyen intéressant de stimuler sa propre créativité : c'est celui qui consiste à **se donner** à soi-même **des contraintes**. « L'art, aurait dit Michel-Ange, naît de contraintes et meurt de liberté. » Il en va parfois de même pour les idées : la nécessité est mère de l'invention. Ainsi, pour forger une histoire, vous pouvez ouvrir au hasard le dictionnaire et y puiser trois ou quatre noms ou adjectifs ; puis essayer de composer un récit dans lequel ces mots joueront un rôle actif. Vous verrez, ce n'est pas si difficile qu'on peut le croire.

Le second truc, qui serait d'ailleurs plutôt un principe de narration qu'un truc, consiste à **partir** d'une situation ou d'une hypothèse dynamique. Par

« dynamique », nous voulons dire que cette hypothèse doit comporter une **contradiction**, une opposition entre les termes dont la « lutte » donne le point de départ de l'histoire. Par exemple, les phrases : « L'oiseau qui avait peur de voler » ou : « Le lion qui avait peur de son ombre » contiennent une contradiction dynamique ; alors que : « Il y avait une fois un petit lapin qui vivait dans un terrier au pied d'un chêne… » ne fait que présenter un personnage et une situation, sans amorcer d'histoire.

Cette remarque sur la dynamique interne, la « tension » d'un sujet, vaut d'ailleurs absolument pour tous les cas où vous devez imaginer non seulement une histoire, mais aussi un exposé ou une argumentation. De plus en plus souvent, les étudiants (en particulier aux concours d'écoles de commerce) doivent passer une épreuve de « culture générale » leur demandant d'improviser sur un mot tiré au hasard. La clé de cette épreuve consiste à rechercher comment deux significations de ce mot, ou deux situations s'y rapportant, peuvent apparaître comme contradictoires et donc faire naître une dynamique dans l'exposé. Par cette technique, le discours cesse d'être la récitation d'une simple définition de dictionnaire pour devenir une histoire vivante.

• Prenons, par exemple, le mot « coton ». Au départ, ce mot fait penser à la matière douce et fragile, au tissu léger. Mais après réflexion, on pense aussi à l'expression populaire « C'est coton » pour dire « C'est difficile » et on réalise alors que cette matière fragile à l'état brut est solide une fois tissée ; on peut s'imaginer ou se remémorer l'impression de résistance qu'offre un fil de coton qu'on veut couper avec ses dents… De là se déduit une opposition fragile/solide ou apparence/réalité qui dynamisera l'exposé. On pourra aussi pousser la réflexion et se dire que c'est l'industrie humaine qui transforme le coton brut (fragile) en fil ou en tissu (résistant), d'où une réflexion sur l'activité humaine et son rôle de transformation du monde… par sa capacité créative.

Vous voyez comment, en appliquant cette technique de la « tension », vous pouvez faire naître d'un thème des idées ou des considérations nouvelles. Il en va de même pour les présentations que vous pouvez être amené à faire : cherchez l'opposition qui créera la dynamique et vous aurez une histoire au lieu d'une description. À coup sûr, vos auditeurs vous en sauront gré.

Un autre procédé à retenir, lorsque vous cherchez à imaginer une histoire, consiste à **rechercher la précision**. En vous forçant chaque fois à préciser vos descriptions au lieu d'en rester au général, vous quitterez le domaine du mot pour entrer dans celui de l'image ; et vous ferez ainsi naître en vous une vision qui très vite imposera ou suggérera fortement le déroulement de l'action. Par exemple, reprenons l'idée de « L'oiseau qui avait peur de voler » : était-ce un aigle ou un merle ? Jeune et dépendant de ses parents, ou déjà âgé et se débrouillant seul ? Vivant en groupe ou en solitaire ? Vous voyez bien que chacune de ces options amènera l'histoire dans une direction totalement différente, alors que le point de départ reste identique. Suivant le même principe, efforcez-vous de nommer vos personnages, ce qui leur donnera immédiatement une véritable épaisseur, voire parfois une individualité et une silhouette. Ainsi, plutôt que de parler d'un « célèbre professeur allemand », évoquez « Herr Doktor Rickelmayer, de l'université de Kartoffelstadt » ; plutôt que « le chien de garde de la ferme », imaginez « Sultan, le fox-terrier noir qui gardait la ferme depuis cinq ans ». Ce n'est pas plus difficile, mais cela donne tout de suite plus de vie au personnage... Certains scénaristes célèbres poussent très loin cette technique. Ainsi, Jean-Loup Dabadie imagine pour les principaux personnages de ses films une biographie complète, dont parfois seule une petite partie affleurera au cours de l'action.

Enfin, souvenez-vous que, pour être intéressante une histoire, comme d'ailleurs un exposé, doit **constituer un trajet**. C'est-à-dire qu'il doit se produire quelque chose au cours de l'histoire qui fasse passer les personnages (et donc les auditeurs) d'une situation de départ à une situation finale. En d'autres termes, nous retrouvons cette notion de dynamique précédemment évoquée : une histoire ne doit pas être la simple description d'une situation, il doit s'y passer quelque chose. Le plus facile est bien sûr de faire jouer et d'exploiter la situation contradictoire que vous aurez choisie comme point de départ. Le petit oiseau apprendra-t-il à voler sans peur, ou trouvera-t-il un moyen de se débrouiller sans voler, ou toute autre solution qui vous plaira ? N'importe. Faites seulement qu'il arrive quelque chose entre la fin et le début.

> **Prenez quatre pièces de monnaie. Posez-les sur une table. Maintenant, essayez de composer avec ces pièces deux lignes droites contenant chacune trois pièces.**

Pour la solution, voir p. 237.

Création de jeux

La construction de jeux s'inspire un peu des mêmes techniques. Tout d'abord, bien évidemment, il faut trouver une situation dynamique, soit « conflictuelle » (une équipe contre une autre, des joueurs s'opposant...), soit de contrainte (réussir quelque chose dans un temps donné, ou sans enfreindre telle ou telle règle...). On peut bien sûr mélanger les deux types de situations, l'important étant de définir clairement l'objectif à atteindre pour les joueurs. Ensuite, le déroulement du jeu doit constituer un « trajet », en ce sens que les joueurs devront faire quelque chose qui les emmènera d'une situation initiale à une situation finale ; les modalités de ce trajet constituant justement le principe du jeu.

Supposons que vous cherchiez à inventer un jeu pour vous distraire avec des amis un jour de pluie. La première chose à faire est de regarder le matériel (feuilles de papier, crayons, ustensiles de cuisine, livres, bibelots...) que vous pourriez utiliser pour en faire un jeu. Une fois listé ce matériel, efforcez-vous de trouver en quoi vous pourriez employer certains objets dans une perspective d'opposition dynamique. Notons au passage que cette réflexion fait appel à votre capacité à mettre des objets farfelus en rapport les uns avec les autres, et que vous retrouvez là un exercice d'entraînement du chapitre précédent. Une fois déterminée l'opposition ou les oppositions sur lesquelles le jeu sera fondé, il reste à imaginer ce que sera la situation de fin, celle qui fera gagner un joueur ou une équipe.

• Cela peut paraître un peu abstrait. Aussi nous allons prendre un exemple imaginaire pour illustrer la démarche. Quel jeu à quatre joueurs pourrait-on inventer avec une bougie, des allumettes, un foulard, un dictionnaire et des feuilles de papier ? (Ces objets ont été pris au hasard en regardant autour de nous, alors que nous écrivions ces lignes.) Le dictionnaire suggère un jeu sur les mots, par exemple un jeu de connaissances ou de vocabulaire, et l'idée de « grand nombre de mots ». La bougie et les allumettes font penser à flamme, à éclairage, mais aussi à l'expression « une bougie dans le vent » et au fait de souffler dessus pour l'éteindre. Le foulard évoque tout de suite le jeu de colin-maillard. Enfin, les quatre joueurs suggèrent deux équipes de deux, avec dans chaque équipe des rôles complémentaires. À partir de là, on trouve (une solution parmi des centaines possibles) l'opposition entre deux équipes dont l'une cherche des mots pendant que l'autre tente d'éteindre une bougie… D'où cette idée de jeu, que nous venons d'inventer : « Les mots à la bougie ».

Le jeu se joue en deux équipes de deux joueurs. Un joueur de l'équipe n° 1 ouvre le dictionnaire sept fois de suite, en pointant le doigt chaque fois au hasard sur une page pour sélectionner ainsi sept lettres que l'équipe n° 2 note sur une feuille de papier. Puis on bande les yeux de l'un des joueurs de l'équipe n° 1 et on le fait tourner sur lui-même, comme au jeu de colin-maillard. On allume alors la bougie et l'un des joueurs de l'équipe n° 2 la place à l'endroit qu'il désire, mais à portée de main. Sitôt la bougie posée, les deux joueurs de l'équipe n° 2 commencent à écrire sur leur feuille un maximum de mots composés à partir des lettres précédemment tirées, chaque lettre n'étant utilisée qu'une seule fois. Pendant ce temps, sans bouger de sa place, le joueur « voyant » de l'équipe n° 1 essaie par ses indications verbales de guider son coéquipier jusqu'à la bougie, que celui-ci essaie d'éteindre en soufflant dessus. Sitôt la bougie éteinte, l'équipe n° 2 cesse d'écrire et l'on vérifie que les mots écrits existent et sont bien composés à partir des lettres données. Puis les deux équipes inversent leurs rôles et on recommence. Au bout de trois « manches », l'équipe totalisant le plus grand nombre de mots justes a gagné.

Voilà une règle de jeu certes un peu farfelue (nous l'avons inventée « en temps réel » pour les besoins de la cause) mais qui illustre assez bien la façon dont on peut procéder. Vous voyez qu'il est tout à fait possible de faire preuve de créativité à la demande et sous contrainte…

Enfin, au-delà de la fabrication de jeux au sens strict, efforcez-vous parfois de vous mettre dans un état d'esprit de jeu. Laissez-vous aller, n'ayez pas peur (lorsque les circonstances s'y prêtent) de délirer, d'inventer des histoires et des mensonges, d'affabuler… Vous connaissez sûrement la formule magique qui ouvre chez les enfants les portes du rêve : « On dirait que… » Laissez s'exprimer de temps à autre l'enfant qui demeure en vous. Si vous voyez dans la rue une personne à l'allure un peu originale, amusez-vous à inventer son histoire. Si, dans une soirée, on vous interroge sur vos activités, pourquoi ne pas vous inventer une biographie imaginaire, quitte à revenir dessus plus tard ? Soyez joueur, soyez gamin, non pas toujours ni hors de propos mais de temps en temps, rien que pour le plaisir. Vous avez en vous des richesses, des trésors d'imagination et de fantaisie que peut-être vous ne soupçonnez même pas. Être créatif, c'est tout simplement exploiter ces richesses. Alors, à vous de jouer !

C'est ici l'occasion de dire quelques mots sur l'humour. À bien y regarder, un trait d'esprit ou une réflexion humoristique provoquent le rire parce qu'ils font soudain voir une chose connue sous un angle différent. C'est la raison fondamentale pour laquelle l'écrivain Arthur Koestler, analysant le processus créatif, a pu décrire la métaphore poétique, le trait d'esprit et l'invention technico-scientifique comme les trois manifestations d'une même démarche intellectuelle. Dans les trois cas, en effet, il y a « rencontre » de deux plans normalement éloignés. Prenons, par exemple, la phrase de ce chroniqueur mondain : « J'ai aperçu à Monaco l'héritière d'Onassis ; elle est vraiment belle comme Crésus ! » Le gag, ici, naît de la rencontre inattendue entre deux notions, beauté et richesse, dont la seconde arrive par surprise pour exprimer de façon lapidaire ce qui, dit explicitement, ne ferait rire personne. La même mécanique, le rire en moins et l'émotion esthétique en plus, est à l'œuvre dans les métaphores poétiques telles que nous les avons évoquées au chapitre précédent. C'est ce genre de rencontre, de télescopage, qui constitue pour Koestler l'essence de la créativité.

Tout cela pour dire que le sens de l'humour est la marque d'un esprit véritablement créatif et, à l'inverse, que le fait de développer votre créativité devrait augmenter votre sens de l'humour. Par ailleurs, la capacité à faire preuve d'humour permet d'éviter certains blocages, de prendre parfois les problèmes du côté qui permettra de les résoudre, et de créer une atmosphère de travail plus stimulante pour un groupe. Aussi, ne confondez pas sérieux avec gravité et sachez, à bon escient, lâcher la bride à votre fantaisie.

Ouvrez un dictionnaire et prenez au hasard cinq adjectifs ou noms communs. Puis efforcez-vous d'inventer une histoire **mettant en relation** ces

noms ou ces adjectifs (c'est-à-dire ne se contentant pas de les contenir, mais les faisant vraiment intervenir). Notez cette histoire sur une feuille de papier, puis relisez-la et essayez de l'enrichir par des détails ou des développements nouveaux…
Naturellement, il n'y a pas de « réponse juste » à cet exercice.

Trouver des défauts et les corriger

Vous l'avez sûrement remarqué : il y a plein de choses dans notre environnement quotidien qui ne fonctionnent pas comme elles le devraient. Certains objets (ustensiles de cuisine, emballages de produits de consommation courante, appareils et machines divers…) ont l'air d'avoir été conçus tout exprès pour nous empoisonner la vie. Quant aux sociétés de services, publiques ou privées, qui peut dire qu'elles donnent véritablement satisfaction ?

C'est en tout cas ce que l'on pourrait croire en entendant récriminer certaines personnes, portées à voir les choses en noir. Mais vous, qui avez retenu les conseils du précédent chapitre, vous allez pouvoir tirer le positif de certaines situations un peu agaçantes en en profitant pour exercer votre muscle créatif.

Il faut bien voir que c'est la conscience de l'existence d'un défaut qui est à l'origine de tout progrès. Car pour vouloir améliorer, c'est-à-dire innover, il faut le plus souvent d'abord être insatisfait de ce que l'on a, et refuser de se résigner. Comme l'a fait remarquer George Bernard Shaw : « L'homme raisonnable s'adapte au monde, tandis que l'homme déraisonnable cherche à adapter le monde à lui-même. C'est pourquoi tout progrès est dû à des hommes déraisonnables. » Dans le même ordre d'idées, un chef d'entreprise américain expliquait que, pour trouver des idées de sociétés de services à créer, il suffit d'écouter de quoi les gens se plaignent. Ainsi, la perception du défaut est la source de l'innovation. C'est donc une excellente occasion pratique d'exercer sa créativité.

Nous vous proposons dans un premier temps de rechercher, de façon systématique, les différentes manières dont vous pourriez remédier à un défaut que vous constaterez, dans votre vie quotidienne, en employant un objet usuel. Il est certain que cette situation se présentera, à un moment ou à un autre. Essayez alors de bien saisir en quoi l'objet présente un défaut, ce qui vous gêne exactement lorsque vous vous en servez. Il s'agit là d'une étape importante sur laquelle nous reviendrons : la **définition du problème**. Ensuite, cherchez à bien saisir pourquoi ce problème, ce défaut existe. N'est-il pas inhérent à l'objet lui-même ? Par exemple, si le défaut d'un couteau est que vous risquez de vous couper en l'utilisant, on peut dire qu'il s'agit d'un défaut inhérent à la nature du couteau... Si c'est le cas, il faudra prendre garde à ce que le remède ne soit pas pire que le mal. Peut-être au contraire le défaut ne vient-il pas de l'objet mais de son environnement ? Dans ce cas, ce n'est pas l'objet mais l'environnement qu'il faudra modifier : attention à ne pas confondre le problème avec une de ses conséquences !

Réfléchissez ensuite aux différentes façons que vous pourriez imaginer de **remédier au défaut** repéré, c'est-à-dire de le supprimer ou de l'atténuer tout en conservant à l'objet son efficacité. Une fois trouvées différentes solutions (rappelez-vous : toujours au moins deux), choisissez celle qui vous paraîtra la plus efficace, ou la plus réaliste, ou la plus simple… et appliquez-la ! Habituez-vous (c'est un autre point très important) à ne pas en rester au stade de la réflexion mais à passer à l'action.

Bien entendu, vous ne trouverez sans doute pas dix fois par jour l'occasion de vous livrer à cet exercice ; mais deux ou trois fois par semaine devraient déjà largement suffire pour vous permettre de rendre encore plus agréable votre environnement quotidien.

Ensuite, pour que l'exercice soit tout à fait formateur, essayez de comprendre d'où vient le défaut. Est-ce une mauvaise conception, ou une erreur de fabrication ? Ou pouvez-vous imaginer des contraintes d'ordre technique qui aient pu justifier ce défaut ? Imaginez comment l'objet a été fabriqué, cherchez à vous mettre dans la peau de l'industriel qui le produit : le défaut n'est-il pas pour lui un moindre mal ? En réfléchissant ainsi, vous acquerrez sûrement une autre vision de l'objet en question, vision qui viendra renforcer votre potentiel créatif. Et si vous trouvez une idée qui vous paraisse vraiment valable, écrivez donc au fabricant pour la lui proposer… C'est de cette façon qu'est née, par exemple, la petite tirette en plastique vert que les fabricants de cornichons mettent dans leurs bocaux pour permettre de saisir lesdits cornichons sans plonger les doigts au fond du récipient. Une invention toute bête et néanmoins très appréciée, qui a fait gagner plusieurs points de part de marché au premier qui l'a mise en vente…

Dans le même ordre d'idées, vous pouvez essayer d'imaginer la société de services qui répondrait aux plaintes ou aux doléances que vous pouvez entendre exprimer autour de vous, dans la rue, dans les transports en commun ou sur votre lieu de travail. Les idées les plus novatrices sont parfois nées de la simple observation.

• En 1839, en Angleterre comme dans toute l'Europe, les frais de transport du courrier étaient payés par le destinataire. Un gentleman anglais, du pas de sa porte, observa sa jeune voisine qui, venant de recevoir une lettre, la contemplait quelques instants sans l'ouvrir puis la rendait au préposé en refusant, comme elle en avait le droit, d'acquitter le prix du transport. Interrogée, elle expliqua au gentleman que, pour économiser les frais de poste, elle avait imaginé un code avec son fiancé, alors au régiment : la façon dont l'adresse était rédigée suffisait à indiquer la date et l'heure du retour du jeune homme. Cette histoire préoccupa beaucoup le gentleman, qui s'appelait sir Rowland Hill et était directeur des Postes de Sa Majesté. Il chercha donc un moyen simple de faire payer les frais d'acheminement du courrier à l'expéditeur et non plus au destinataire. L'année suivante, en 1840, le premier timbre-poste voyait le jour.

À votre tour, vous pouvez puiser dans les petites carences de la vie quotidienne pour trouver prétexte à des créations de services. Comment organiseriez-vous, par exemple, une société de baby-sitting ? Pourrait-on imaginer un fichier de jeunes filles, étudiantes ou autres, prêtes à se faire un peu d'argent de poche ? Ou, pourquoi pas, de femmes à la retraite qui seraient ravies, un soir de temps à autre, de jouer la « mamie » au pied levé ? Réfléchissez, poussez votre idée à fond, essayez de bien envisager les différents détails pratiques, bref, construisez le projet comme si vous deviez le présenter à un auditoire pour le convaincre. Même si vous en restez à cette étape (on n'a pas tous les jours l'idée qui fera fortune), vous aurez au moins développé votre esprit créatif.

Enfin, à la frontière de la correction de défauts et de l'imagination créative, vous pouvez facilement vous amuser à récrire la fin des articles de journaux ou les publicités qui vous paraissent mauvaises. Un slogan, un texte publicitaire vous semblent particulièrement ineptes ? N'en restez pas à la critique, mais cherchez ce que vous auriez écrit à la place du rédacteur. Le récit d'un fait divers retient votre attention ? Essayez d'en imaginer la suite, de bâtir une histoire à partir de ce matériau… Ayez le réflexe de l'inventeur, du « correcteur » pour qui tout est matière à phosphorer. Sans oublier, toujours, l'humilité de vous dire que ce que vous trouvez n'est pas forcément meilleur que ce qui a été fait.

POUR NOUS RÉSUMER : EXERCEZ VOTRE CRÉATIVITÉ…

– posez-vous la question « **Et si…** » à propos de sujets réalistes ou irréalistes ;

– allez **au bout de vos réflexions** pour en sortir des **idées applicables** ;

– **notez** vos bonnes idées dès qu'elles vous viennent ;

– pour **stimuler** votre capacité d'invention, rappelez-vous de :
- créer une **dynamique** ;
- vous fixer des **contraintes** ;
- **préciser** et **décrire** les détails ;

– **observez** autour de vous, soyez à l'affût de **défauts** ;

– quand vous rencontrez des défauts, imaginez des moyens de les **corriger** ou d'en **tirer profit** ;

– restez **humble** ;

– par-dessus tout, soyez **joueur** et cultivez votre **sens de l'humour**.

LA RÉSOLUTION CRÉATIVE DE PROBLÈMES

Les chapitres précédents traitaient des exercices d'entraînement et de la pratique de la créativité en tant que faculté intellectuelle. Nous allons maintenant nous intéresser à la créativité en tant qu'outil de travail, en évoquant les procédés individuels ou collectifs permettant de résoudre des problèmes spécifiques.

Bien évidemment, tout ce qui suit ne vaut que pour les problèmes requérant l'invention d'une solution nouvelle, créative. Les problèmes classiques pouvant être résolus par le seul recours à la logique ou à une démarche rationnelle ne sont pas concernés ici.

Les différentes phases du processus créatif

Le processus créatif en tant que tel n'est pas très bien connu. Cependant, l'ensemble des auteurs s'accorde à distinguer différentes phases qui, sous des noms différents, recouvrent les mêmes réalités. Nous allons d'abord brièvement étudier ce processus, avant de voir de quelle façon il est possible de s'entraîner à mieux le faire fonctionner.

Schématiquement, le processus créatif passe par les étapes suivantes :

– formulation de la question ;
– collecte d'informations ;
– imprégnation et éloignement ;
– « étincelle » ;
– mise en forme et évaluation.

Voyons un peu ce que ces mots recouvrent...

Formulation de la question

Même si cette remarque peut sembler triviale, elle est d'une importance capitale : pour trouver une bonne idée, une bonne réponse, il importe avant tout de savoir très exactement quel problème on veut résoudre.

La capacité de création d'un individu ou d'un groupe, c'est-à-dire son aptitude à inventer des choses, est en effet énorme. Votre capacité à inventer des choses est énorme. C'est pourquoi il importe de définir le plus exactement possible le résultat que l'on vise. C'est un peu comme si l'on lançait à très grande vitesse une fusée ou un véhicule très lourd : il faut d'abord calculer précisément la **direction** voulue, car une petite erreur au départ fait qu'à l'arrivée on a parfois des choses inattendues... et qui ne feront pas l'affaire.

• Prenons l'exemple d'un problème rencontré par le responsable d'un club de tir aux pigeons. On sait que ce sport se pratique en tirant à la carabine sur des assiettes en argile rouge lancées très haut et très vite dans les airs. Une fois lancées, ces assiettes (ou leurs débris) atterrissent où elles peuvent, dans les environs du stand.

Or, voilà que les propriétaires des champs voisins viennent se plaindre : ils sont las de trouver, de plus en plus souvent, des débris d'assiettes dans leurs champs et demandent qu'on mette fin à cette nuisance. Que faire ? Le responsable du club de tir cherche d'abord des moyens d'empêcher les « pigeons » de s'envoler en dehors des limites de son terrain. Il en arrive ainsi à la décision de bâtir au-dessus du stand un véritable dôme qui contiendra dans les limites voulues les assiettes projetées en l'air. Comme ce dôme doit résister aux plombs des tireurs, il faudra le faire en béton. Du coup, il faudra prévoir un éclairage intérieur… On imagine le prix de cette installation, qui obligera à augmenter le montant des cotisations, donc à réduire le nombre des membres du club.

Une autre solution consiste à acquérir les terrains avoisinants, ceux dont les propriétaires sont venus se plaindre. Mais là encore, en admettant que les propriétaires soient vendeurs, le coût représenté par la démarche est énorme…

Un peu déprimé, le responsable du club organise entre les membres une séance de réflexion collective. Et c'est là qu'on se rend compte que le problème est insoluble, faute d'avoir été bien posé. Il ne s'agit pas d'empêcher les pigeons d'argile de voler au-dessus des champs voisins ; ni même d'empêcher ces pigeons ou leurs morceaux de retomber dans les champs. Il s'agit d'éviter que les propriétaires des champs ne retrouvent ces morceaux. La question devient donc : comment faire pour que les morceaux d'argile disparaissent après être tombés au sol ?

À titre d'exercice, nous ne vous donnerons pas tout de suite la solution à laquelle les membres du club sont finalement arrivés. Cherchez, tournez le problème dans votre tête… et voyez si vous pouvez trouver la même idée qu'eux, ou une autre solution tout aussi satisfaisante. L'important pour ce chapitre est que nous soyons arrivés à une formulation exacte de la question.

> **On demande au sage Nasr Eddin Hodja : « Qui faut-il révérer le plus, le Soleil ou la Lune ?**
> **– La Lune, bien sûr. Elle nous éclaire la nuit et sans elle nous n'y verrions rien. Alors que cet imbécile de Soleil brûle pendant qu'il fait jour ! »**
> **À l'image de ce « fou » oriental, essayez de noter sur une feuille de papier trois évidences à remettre en cause.**

Cette recherche d'éclaircissement du problème posé est érigée en système, par exemple, en publicité. Dans la démarche classique des agences de publicité, les responsables de budgets doivent remettre aux créatifs (ceux qui sont chargés d'inventer les pubs) un papier appelé « copy-stratégie ». Ce papier, qui doit tenir en une seule page, est le guide auquel les créatifs devront se conformer. Il commence le plus souvent par les paragraphes « Fait principal » (quelle est exactement la raison pour laquelle on décide de faire une campagne de publicité ?) et « Problème à résoudre par la publicité » (qu'est-ce que vous attendez de moi au juste ?). Ces deux paragraphes sont parmi les plus difficiles à écrire pour un responsable de budget.

• Supposons, par exemple, que, dans les années 70, nous ayons à nous occuper des pâtes Zampano. Ce sont de bonnes pâtes, bien connues, très nourrissantes, vendues dans tous les bons magasins. À cette époque, le revenu des ménages n'est pas forcément énorme et l'on sait que les pâtes, comme les pommes de terre, sont très consommées en fin de mois lorsque le ménage a un peu de mal à boucler son budget. En somme, les pâtes sont un peu l'aliment qu'on choisit lorsqu'on n'a plus vraiment de quoi se payer un bifteck… Zampano est le numéro un sur son marché ; mais voilà que les quantités vendues commencent à baisser. Avec l'élévation du niveau de vie de la population, avec l'abaissement du coût des produits dû au développement des épiceries « discount », les gens ont de moins en moins envie d'acheter des pâtes. Le directeur de Zampano S.A. vous demande donc une campagne publicitaire pour relancer les ventes de son produit.

Quel est exactement le problème à résoudre ?

Il serait insuffisant de répondre : « Faire redémarrer les ventes de Zampano. » Cela, c'est le **résultat attendu**, ce n'est pas le problème. La réponse n'est pas non plus : « Il faut convaincre les gens d'acheter des Zampano », car ce qui se passe en réalité, c'est que les gens n'ont pas cessé d'acheter des Zampano, ils ont cessé d'acheter des **pâtes**, ce dont notre produit ne souffre que parce qu'il est le numéro un de cette catégorie de marchandises. Si l'on répond : « Il faut convaincre les gens que ça vaut toujours la peine d'acheter des Zampano », on est déjà beaucoup plus précis, car on éclaire un fait essentiel : que les gens cessent d'acheter notre produit parce qu'ils préfèrent acheter autre chose qui leur paraît **en valoir davantage le coup**.

Toutefois, la question n'est pas encore vraiment éclaircie. Que signifie « en valoir le coup » ? Les gens mangent pour se nourrir, mais aussi pour le plaisir.

Et, à tort ou à raison, ils estiment que le plaisir se paie plus cher que l'utilitaire, le « nourrissant ». Aussi sont-ils prêts à délaisser les produits qui ont cette image « utilitaire » (pâtes, pommes de terre...) pour consommer – dès qu'ils estiment en avoir les moyens ou l'occasion – des produits davantage porteurs de plaisir. C'est-à-dire, dans le domaine alimentaire, des produits vraiment bons à manger, « gourmands ».

Une fois menée cette réflexion (qui ne se fait pas toute seule et requiert tout de même un certain temps), on peut donner une formulation assez précise du problème à résoudre. Il s'agit de convaincre les gens que les pâtes ne sont pas un produit utilitaire mais bel et bien un produit gourmand.

D'accord avec cette formulation de la question ?

On peut travailler ?

Si vous avez répondu oui, en toute bonne foi, vous êtes tombé dans un piège. C'est que notre problème à nous n'est pas celui des pâtes, catégorie de produit à laquelle nos concurrents appartiennent tout autant que nous, mais celui des pâtes Zampano. Cette petite distinction, qui n'a l'air de rien, va nous permettre de définir de façon beaucoup plus précise et beaucoup plus opérationnelle le problème qu'il nous faut résoudre. En effet, nous savons que les gens considèrent les pâtes comme un produit plutôt peu attrayant. Au lieu de partir en guerre contre les moulins à vent en cherchant à modifier cette perception de la catégorie « pâtes », nous allons au contraire nous appuyer dessus en proposant à nos créatifs d'inventer une histoire pour résoudre le problème suivant : « Convaincre le public que, contrairement aux autres pâtes, les Zampano sont aussi un produit gourmand. »

À partir de là, nous sommes mûrs pour réaliser une campagne qui dira, par exemple : « Des pâtes, des pâtes, oui mais des Zampano. » Et nous pourrons accepter (après un moment de surprise et de perplexité) le personnage d'un bon curé se relevant la nuit pour commettre le péché de gourmandise… Comme nous savons exactement ce que nous voulons dire et à quel résultat nous voulons arriver en termes de **signification du message publicitaire**, nous sommes aussi tout à fait en mesure d'apprécier si l'idée proposée répond ou non à notre besoin…

Cet exemple illustre bien une vérité qui, pour être de bon sens, n'en risque pas moins d'être oubliée dans les démarches créatives : pour juger si une réponse est bonne, il faut d'abord **avoir clairement posé la question**.

Pour pouvoir poser correctement un problème, il faut essayer d'**apercevoir l'ensemble des contraintes** dont on l'enveloppe. Cela n'est pas toujours facile, car les contraintes ne se laissent pas voir du premier coup.

Ces contraintes peuvent être présentes de façon implicite dans la façon dont la question est posée. On peut illustrer ce point par un exemple très intéressant, appelé le « problème des rayons ». Il s'agit de trouver un moyen de détruire par des rayons une tumeur située dans l'estomac, sans détruire les tissus sains autour de la tumeur. On demande à un groupe : « Les rayons risquent de détruire aussi les tissus sains ; comment les en empêcher ? » et à un autre groupe : « Les tissus sains risqueraient d'être également détruits ; comment les protéger ? » Dans le premier groupe, 43 % des sujets centrent leur solution sur l'intensité du rayonnement, contre 14 % dans le second groupe. La façon de poser la question induit donc l'approche de la solution.

Lorsque l'on bute sur un problème, on l'appréhende forcément au travers de son **résultat** et non au travers de sa cause. Je me rends compte qu'il existe un problème lorsque quelque chose m'arrive à cause de lui. De ce fait, je suis naturellement porté à chercher une idée qui interviendra sur le résultat du problème (ce qui m'arrive à cause de lui) et non pas sur son origine. C'est ainsi que, dans l'exemple des pigeons d'argile, les « fausses solutions » sont induites par l'association débris-voisins en colère, qui génère la pensée : « Il ne faut plus que mes assiettes aillent enquiquiner les voisins ! » Aussi, face à une difficulté dont on n'aperçoit pas la solution, il faut avoir pour réflexe de se demander : « Pourquoi ai-je posé la question comme ça ? » De cette façon, on peut apercevoir les fausses contraintes que l'on a pu, inconsciemment, introduire dans sa réflexion.

De la même manière, il peut être fructueux de se demander : « Quel est exactement le résultat auquel je souhaite aboutir ? » En répondant à cette question, on se définit une **destination claire** sans se fixer d'obligations sur les moyens d'y arriver. Une bonne façon d'agir, pour un problème simple, peut être de prendre quelques secondes pour essayer de se représenter mentalement la situation dans laquelle on serait une fois le problème résolu. Pour un problème plus compliqué, on pourra se rédiger une « fiche de résultats attendus » sur laquelle on inscrira l'ensemble des attentes que la solution devra nécessairement satisfaire. Chacune de ces « attentes » fera l'objet d'une réflexion sévère ou (si le problème concerne plusieurs personnes) d'une discussion serrée ; de telle sorte qu'on n'inscrira sur la fiche que les attentes vraiment indiscutables. Dans toute la mesure du possible, ces **attentes à satisfaire** seront rédigées de manière « SMAC », c'est-à-dire :

– Spécifique : aux généralités, on préférera des données précises ;

– Mesurable : on traduira les résultats visés en chiffres ;

– Accessible : on exclura les demandes manifestement irréalistes ;

– Compatible : on arbitrera entre les attentes contradictoires.

Pour se donner du courage, on pourra aussi indiquer en quelques lignes, sur la même fiche, les conséquences heureuses que l'on attend *in fine* de la nouvelle situation.

Cette discipline doit permettre de **circonscrire le problème** auquel on s'attaque dans des limites précises. Elle évite d'induire de fausses solutions par la formulation même de la question, comme de s'enfermer dans des contraintes qui, en fait, n'ont pas grand-chose à voir avec la vraie question. Elle permet aussi d'apprécier si la solution envisagée est bien adaptée, ce qui peut largement en faciliter la correction ou l'amélioration : il est beaucoup plus facile de corriger le tir lorsque l'on sait où se trouve la cible…

Si l'on éprouve des difficultés à bien cerner le problème, un bon truc consiste à essayer d'en **refaire l'historique**. On doit alors éviter de se demander : « Qu'est-ce qui ne marche pas dans cette situation ? » pour se concentrer sur la question « Comment ce problème est-il apparu ? » En cherchant à reconstituer l'émergence du problème, on a de grandes chances de découvrir les fausses contraintes qui l'environnent ; ou même de se rendre compte (c'est arrivé !) qu'une situation tout entière n'a plus lieu d'être et ne subsiste que par tradition ou par habitude.

Afin de clarifier au mieux le problème qui vous est posé, vous pourrez dans certains cas réaliser une « fiche de résultats » suivant le modèle proposé. Ce modèle n'est bien sûr pas un standard ; mais vous pourrez vous en inspirer pour créer votre propre type de fiche, bien adapté à la nature des problèmes que vous êtes le plus souvent amené à résoudre.

La rubrique *Contexte* doit permettre de saisir en quelques lignes l'environnement de votre problème : de quoi il s'agit, quels sont les éléments en présence, etc. Ensuite, vous devez décrire le problème lui-même, de façon aussi neutre et objective que possible, en évitant particulièrement les jugements de valeur et les termes affectifs (par exemple, le mot « trop » indique le plus souvent un jugement de valeur). La rubrique « Résultats visés » n'a pas besoin d'être expliquée, compte tenu de tout ce que nous avons vu précédemment.

La rubrique *Critères d'acceptation* est très importante. Elle doit servir à définir, avant toute recherche, les éléments objectifs qui devront permettre de décider si une solution proposée est ou non acceptable. Cela doit garantir, en particulier, que la perception du problème ne change pas pendant la phase de recherche de solution.

La rubrique *Contraintes* fixera les limites techniques, financières ou autres dans lesquelles la recherche de solution devra s'inscrire. Il faudra bien sûr veiller à n'admettre que de vraies contraintes, ce que l'on vérifiera lors de la rédaction définitive du problème à résoudre. Enfin, la rubrique *Timing* donnera un calendrier, éventuellement détaillé en étapes de réflexion et de travail.

Notez que ce type de fiche pourra être employé aussi bien pour les séances de créativité individuelle que pour les réflexions menées en groupe.

À titre d'illustration, nous montrons ci-dessous ce que pourrait être la fiche rédigée par notre responsable de club de tir aux pigeons.

DATE : 14.7.1991 *NOM : C. Desmoulins*

CONTEXTE ET CAUSES DU PROBLÈME : les débris de pigeons d'argile retrouvés dans les champs voisins du club gênent les propriétaires, qui s'en sont plaints auprès de moi.

PROBLÈME À RÉSOUDRE : éviter que des débris de pigeons ne puissent être retrouvés dans les champs où ils seront tombés.

BUT RECHERCHÉ OU RÉSULTATS VISÉS : retrouver des rapports de bon voisinage avec les propriétaires des champs entourant le club.

CRITÈRES D'ACCEPTATION DES SOLUTIONS : une solution sera acceptable si elle respecte les contraintes ci-dessous et si, proposée à mes voisins, elle recueille leur approbation.

CONTRAINTES : pas de bouleversement de l'environnement naturel du club (espaces verts) – Pas besoin d'autorisation communale ou préfectorale – Investissement maximum de 30 000 F – Mise en application possible avant janvier 1992.

TIMING : réunions hebdomadaires de réflexion à partir du 28.7. à 15 h 30.
– premiers projets de solution pour septembre 1991.
– début de réalisation à mi-octobre 1991.

Collecte d'informations

Comme son nom l'indique, il s'agit dans cette phase de recueillir les informations concernant le problème posé. Cela doit permettre, d'une part, de déterminer les contraintes et les impossibilités réelles afin de ne pas partir vers l'irréaliste, d'autre part, d'accumuler le « matériel » sur lequel la réflexion créative va pouvoir s'exercer. En effet, ainsi que nous l'avons répété à différentes reprises, la créativité procède par rencontres, par superposition d'éléments. Aussi le processus aura-t-il d'autant plus de chances de se produire que votre connaissance du sujet s'étendra sur un plus grand nombre d'aspects. Pour reprendre l'exemple du métier publicitaire, il est fréquent d'y entendre dire que l'idée créative, l'étincelle qui fera naître un discours ou une campagne originaux et intéressants sur un sujet rabâché, peut venir de n'importe quel aspect du produit. Il importe donc de bien étudier la question, de la tourner et la retourner, de se familiariser avec elle. Ainsi le responsable d'un budget publicitaire qui va faire travailler une équipe créative sur un sujet lui apportera, outre le produit lui-même, divers éléments concernant son historique, sa fabrication et son mode de consommation, quelques exemples de la façon dont le problème a été traité par des concurrents ou dans d'autres pays, des anecdotes, etc.

D'une façon générale, la **collecte d'informations** pourra se faire par mille voies différentes, selon le sujet auquel vous vous attaquerez. Vous pourrez aller questionner des experts ou des connaisseurs, des utilisateurs, des producteurs. Vous pourrez lire des ouvrages sur la question… Écoutons David Ogilvy, l'un des fondateurs de la publicité moderne, donner des conseils à un débutant : « Astreignez-vous à deve-

nir l'homme le mieux informé de l'agence sur le budget auquel vous avez été affecté. Si, par exemple, c'est un budget d'essence pour voitures, lisez des ouvrages sur la chimie, la géologie et la distribution des produits pétroliers. Lisez tous les journaux professionnels paraissant dans cette branche. Lisez tous les rapports d'enquêtes et plans de marketing préparés par votre agence sur votre produit. Passez vos samedis matin dans des stations-service à remplir des réservoirs et à bavarder avec les automobilistes. Visitez les raffineries et les laboratoires de recherches de votre client. Étudiez la publicité de ses concurrents. »
Ce qui caractérise cette énumération, plus que son ampleur, c'est la diversité des sources d'informations proposées. Le but n'est pas de connaître à fond un aspect du sujet, mais plutôt de l'appréhender sous tous ses angles. Il s'agit de constituer un véritable stock de « connaissances flottantes » auxquelles vous pourrez, dans les phases suivantes, connecter une notion issue d'un champ totalement différent pour réaliser ainsi le processus créatif.

Toutefois, et c'est encore un paradoxe vrai, il importe de ne pas avoir du sujet **une connaissance trop poussée**, car celle-ci **pourrait** alors **devenir bloquante**. En effet, être expert dans un domaine conduit à réagir dans ce domaine de façon stéréotypée, c'est-à-dire tout sauf innovante. L'expert, par définition, connaît « la bonne réponse » à toute question sur le sujet. Il connaît aussi toutes les bonnes raisons pour lesquelles telle ou telle nouveauté est inutile ou trop coûteuse ou vouée à l'échec. C'est pourquoi le recours à un expert peut parfois se révéler sclérosant.

• En 1888, lorsque le physicien Heinrich Hertz découvrit les ondes électromagnétiques qui portent son nom, quelqu'un lui suggéra d'utiliser ces ondes pour transmettre des messages. Hertz répondit par une lettre un peu condescendante, dans laquelle il expliquait au rêveur l'impossibilité physique de son idée : les ondes hertziennes se propagent en ligne droite ; comme la Terre est ronde, il est impossible de joindre par l'une de ces ondes deux points situés à la surface de notre planète. Une onde émise d'un endroit donné serait, au mieux, tangente à la Terre en cet endroit et partirait se perdre dans le cosmos… Le rêveur, qui s'appelait Alexandre Popov, essaya quand même. Il réussit totalement. En effet les ondes hertziennes se propagent en ligne droite, mais elles rebondissent sur la couche d'ozone (dont l'existence était alors inconnue) et reviennent frapper la Terre en différents endroits et à très grande vitesse. Popov développa donc ce nouveau moyen de transmission et fit encadrer chez lui la lettre de Hertz. Du danger qu'il y a parfois à trop posséder de théorie…

Donc, pour nous résumer, accumulez les connaissances sur les aspects les plus divers de la question ; mais évitez de devenir trop savant en intégrant les réflexes stéréotypés de l'expert. Comme souvent, la réussite ici est affaire de mesure.

Essayez d'inventer un jeu pour trois ou quatre personnes utilisant tout ou partie des éléments suivants :
– un chronomètre ;
– un jeu de cinquante-deux cartes ;
– une bobine de fil de couture ;
– des cuillères à soupe.

Pour la solution, voir p. 237.

Imprégnation et éloignement

Une fois acquise la connaissance du problème et de son environnement, la solution reste toujours à trouver. Or il semble que la meilleure démarche pour cela soit de ne pas trop chercher.

Expliquons-nous. La pensée logique convergente, telle que nous l'avons définie au début de ce livre, joue un rôle essentiel dans la définition précise du problème et – nous y reviendrons – dans l'évaluation concrète des solutions trouvées. Mais cette même pensée convergente doit être tenue à l'écart lors du processus créatif proprement dit.

En fait, les enquêtes et les études menées par différents auteurs sur ce processus créatif montrent que **les idées ont** très souvent **une origine inconsciente**. La pensée verbale ou rationnelle joue un rôle secondaire dans l'acte créatif lui-même. C'est ce qu'indique par exemple la phrase de Picasso : « Je ne cherche pas, je trouve », ou celle du mathématicien Gauss : « J'ai bien la solution, mais je ne sais pas comment j'y suis arrivé. » Le mécanisme intellectuel en jeu dans la créativité fonctionne inconsciemment.

Mais pour que ce mécanisme puisse fonctionner, il faut d'abord que l'esprit soit familiarisé avec le problème. Il faut que ce problème, correctement posé, soit présent dans votre tête comme un élément parfaitement identifié, connu, familier. Il doit faire partie de votre paysage mental. C'est là ce qu'on appelle l'**imprégnation**. Le physicien Helmholtz, auteur de plusieurs découvertes en acoustique, électricité, chimie et hydrodynamique, expliquait par exemple : « Il m'a toujours été nécessaire avant tout de tourner mon problème dans tous les sens jusqu'à ce que j'en aie tous ses angles et complexités bien en tête et puisse les parcourir sans effort préliminaire. » Il semble que cette imprégnation de l'esprit par le problème permette de le reconnaître ensuite, tout entier ou au travers de ses composantes essentielles, dans une situation analogique.

C'est là qu'intervient la phase d'**éloignement**. Quand votre problème est bien clair et familier pour vous, il faut alors vous imposer de ne plus y penser. Ou plutôt, de ne plus y réfléchir. C'est-à-dire que vous devez éviter de lui appliquer un traitement rationnel, cela risquant de générer les « inévitables » réponses stéréotypées. Il faut que vous ayez le problème en tête un peu comme un animal familier avec lequel vous joueriez de temps à autre, à vos moments perdus. Là encore, les études faites sur le processus créatif ont mis en évidence le rôle essentiel de cette phase d'éloignement. Voyez par exemple l'architecte Le Corbusier : « Lorsqu'une tâche m'est confiée, j'ai pour habitude de la mettre au-dedans de ma mémoire, c'est-à-dire de ne me permettre aucun croquis pendant des mois. La tête humaine (...) est une boîte dans laquelle on peut verser en vrac les éléments d'un problème. On laisse alors flotter, mijoter, fermenter. » Cette période d'éloignement permet, semble-t-il, à l'inconscient de mettre le problème en rapport avec différentes informations, connaissances, expériences... qui n'ont *a priori* rien à voir avec lui. C'est du reste pourquoi il est si important pour développer son potentiel créatif d'être curieux de tout et d'emmagasiner sans esprit de classement utilitaire les notions et les connaissances les plus diverses, d'être curieux.

• Prenons par exemple le cas d'Alastair Pilkington, tel que le rapporte F. Vidal dans son ouvrage *L'Instant créatif*. Ingénieur spécialisé dans la fabrication du verre, Pilkington est confronté à une difficulté. Les grandes surfaces en verre plat, telles que les vitrines, sont fabriquées sur des tapis roulants semblables aux laminoirs d'aciéries. Or, à partir d'une certaine surface, le poids des vitrines crée des disparités dans la répartition de ce poids sur le tapis, ce qui occasionne des défauts dans le verre et donc des distorsions optiques déplaisantes. Pilkington cherche une solution à ce problème, qu'il connaît bien. Il y réfléchit depuis plusieurs semaines. Un soir où sa femme s'est absentée, il se prépare un dîner sommaire à base d'œufs sur le plat. Puis, l'esprit dans le vague, il fait la vaisselle. Et c'est alors que naît l'idée créative : apercevant les taches d'huile de cuisine flottant à la surface de l'eau, Pilkington songe soudain à faire flotter de la même façon les grandes vitres. Développée en 1958, cette technique du verre flotté est aujourd'hui employée dans le monde entier.

On voit ici à l'œuvre le double mécanisme de l'imprégnation (Pilkington est obsédé par son problème) et de l'éloignement (il fait la vaisselle, l'esprit ailleurs). En fait, c'est la conjonction entre la parfaite connaissance du problème et la déconnexion provisoire d'avec son univers de référence habituel qui permet, paradoxalement, d'apercevoir ce problème résolu là où on ne l'attend pas (en l'occurrence, dans un bac à vaisselle). La clé, ici, est de reconnaître dans un décor quotidien les éléments fondamentaux du problème, d'opérer une transposition ou une superposition. L'espace d'un instant, les taches d'huile deviennent aux yeux de Pilkington des plaques de verre en cours de fabrication. Encore une fois, une métaphore...

D'un point de vue concret, il s'agira donc de s'imprégner du problème puis de s'en éloigner. Au-delà de la collecte d'informations, l'imprégnation se fera d'autant mieux que, pour vous, le problème sera plus important ou que vous vous impliquerez davantage dans sa résolution. Mais n'oubliez pas aussi que cette imprégnation ne sera efficace que si le problème a été correctement posé. Quant à l'éloignement, il devra consister pour vous à laisser « reposer » votre esprit, à jouer avec le problème comme (répétons-le) vous pourriez jouer avec un animal familier, bref à essayer de faire autre chose.

Bien entendu, selon l'importance et la difficulté du problème considéré, cette démarche pourra prendre plus ou moins de temps. Il peut se faire aussi que vous ne disposiez pour trouver la solution que d'un temps limité, quelques heures ou quelques jours. La démarche créative décrite ici n'offre pas de véritable garantie de succès. Mais vous pourrez, en l'appliquant, améliorer vos performances créatives même sur un délai court. Par exemple, si vous devez trouver une solution en peu de temps, n'hésitez pas à faire plusieurs choses à la fois. Préparez-vous trois ou quatre « chantiers » sur des sujets différents, travaillez à votre problème et, sitôt que vous aurez l'impression de « tourner en rond », passez au chantier suivant. Vous appliquerez ainsi la technique de l'éloignement qui facilitera votre réflexion créative.

Imaginez une histoire pour enfants en « concassant » l'un des mots suivants (au choix) : notable, métallurgie, papillon, créatif.

Pour la solution, voir p. 237.

« Étincelle »

Revenons sur le moment créatif lui-même, l'instant où se produit dans l'esprit l'acte créatif. Nous avons déjà vu en quoi cet acte se résume à la **rencontre de deux plans de référence** habituellement **éloignés**, ce qu'Arthur Koestler appelle la « bissociation » et que nous avons plusieurs fois assimilé à une métaphore. Le phénomène lui-même échappe à toute contrainte et il paraît difficile de donner des recettes sûres pour le provoquer. On peut en revanche s'efforcer de **réaliser les conditions** qui faciliteront son apparition.

Par exemple, on constate que les idées naissent plus facilement dans une **atmosphère de jeu** et d'enthousiasme un peu enfantine. Il peut donc être intéressant pour vous, lorsque vous devez aborder un problème requérant une solution créative, de vous « automotiver », de vous enthousiasmer pour le sujet. Choisissez de préférence un moment où vous vous sentirez en forme, l'esprit un peu frondeur et décontracté. Il y a de bonnes chances que les idées vous viennent avec plus d'aisance. Pour reprendre l'exemple de nos pâtes Zampano, il est certain que l'idée qui consiste à associer « gourmandise » à « péché » et « péché » à « curé » pour aboutir finalement au personnage publicitaire de Don Zampano, cette idée n'a sûrement pas vu le jour dans la morosité…

Une autre chose à faire pour vous est de repérer à quels **moments** ou dans quelles circonstances vous avez habituellement vos meilleures idées. Cela est très variable suivant les individus : pour certains, ce sera pendant une promenade, ou après un gros effort physique. D'autres ont leurs meilleures idées sous la douche, ou le matin au réveil dans un état de semi-conscience, ou le soir après un ou deux verres, ou en se livrant à une activité machinale (la vaisselle...).

• Le poète anglais Coleridge avait pris l'habitude de s'installer devant sa cheminée, les pieds dans un bain d'eau tiède. Un jour de 1797, alors qu'il était dans cette position, dans un état de semi-veille, il sentit affluer à son esprit les images et les mots d'un poème extraordinaire qu'il composa entièrement de tête. Voulant ensuite le transcrire, il prit la plume mais fut dérangé au bout de quelques heures par une visite qui dura moins d'une heure. Coleridge ne put jamais retrouver le fil de sa création. Du grand poème lyrique qu'a failli être *Kubla Khan,* nous n'aurons jamais que les cinquante-quatre vers écrits avant l'arrivée du fâcheux visiteur.

• Le musicien italien Tartini (1692-1770) vit en rêve le diable lui voler son violon et jouer dessus un air inconnu. À son réveil, il tenta de retranscrire cette musique inédite mais, de son propre aveu, son « Trille du Diable » resta toujours très inférieur à celui qu'il avait entendu retentir dans son rêve...

Ces exemples illustrent bien le **rôle de l'inconscient** dans la création. Sans aller forcément aussi loin, nous avons tous connu, au moment de nous endormir ou à celui du réveil, ces états de rêverie où les pensées s'enchaînent et où tout paraît facile. Il s'agit de recréer de pareils instants pour faciliter l'émergence d'idées créatives, hors des frontières de la pensée logique.

Car le point essentiel du processus semble être la **« mise entre parenthèses » de cette pensée logique**, convergente, au profit d'une pensée divergente faite d'associations et – encore une fois – de métaphores. Cherchez donc les moments où vous connaissez ces états privilégiés et organisez votre temps pour collecter vos informations et vous « imprégner » du problème avant ces instants. Cette organisation vous sera d'autant plus précieuse que vous disposerez de moins de temps pour trouver votre solution.

La mise entre parenthèses de la logique peut être réalisée par la technique du rêve éveillé. Cette technique consiste à ouvrir en quelque sorte la porte à l'inconscient en rêvant tout haut à propos du problème, en se laissant aller, un peu à la façon dont le patient laisse filer son discours dans une séance de psychanalyse. Par le rêve éveillé, vous pourrez augmenter votre capacité à penser par images, c'est-à-dire à visualiser des concepts avant de les formuler, ce qui facilite largement la réflexion analogique.

• Par exemple, pour revenir au cas de notre président de club de tir aux pigeons, le rêve éveillé va lui fournir une aide précieuse. Nous avons vu que son problème consiste à éviter que les paysans voisins ne retrouvent dans leurs champs les débris des pigeons d'argile. Et le voilà qui rêve : « Je suis un pigeon d'argile. Après un vol rapide, où j'ai eu la chance de ne pas être touché, j'ai atterri un peu brusquement dans un carré de laitues. Je suis bien, le soleil me réchauffe, les salades sentent bon… Mais j'entends du bruit. Quelqu'un arrive ! On va me trouver ! Je veux me faire tout petit, j'essaie de me cacher, de m'enfoncer dans le sol. Si seulement je pouvais me fondre dans le sol ! » Arrivé à ce point, l'idée créatrice est née dans l'esprit du président : il faut trouver un moyen pour que les pigeons d'argile se fondent dans le sol. On fabriquera donc, non plus en argile mais en glace colorée, des pigeons qui, au bout de quelques minutes, fondront effectivement là où ils seront tombés. On aura ainsi réglé la question.

Notons au passage qu'une autre formulation de la question aurait encore pu mener à une solution différente. On aurait pu dire : « Puisqu'on ne peut pas éviter que des morceaux d'assiettes retombent dans les champs, comment faire pour que les propriétaires ne soient plus mécontents de les trouver ? » D'où une idée consistant à payer les propriétaires pour rapporter les morceaux. Ou une autre, plus inattendue, consistant à introduire une véritable tombola : on tire une assiette bleue toutes les trente assiettes rouges, et celui qui rapportera des morceaux d'assiettes bleues gagnera un lot. Idées pas forcément réalistes, mais qui de toute façon ne seraient pas « sorties » si l'on était resté à la formulation initiale.

Ce procédé du rêve éveillé, très fructueux, fait partie d'un ensemble de techniques exploitables aussi bien en groupe qu'à l'échelon individuel. Nous en indiquerons quelques-unes en fin de chapitre. L'important, ici, est de bien saisir la façon de procéder, le principe théorique à l'œuvre derrière toutes ces techniques. On peut d'ailleurs noter que ces différentes façons de procéder rappellent les techniques mises au point par les surréalistes pour explorer de nouvelles voies artistiques : écriture automatique, « cadavres exquis », etc. L'écrivain Robert Desnos, par exemple, était fameux auprès de ses camarades pour sa virtuosité à bâtir récits ou poèmes dans une sorte de délire semi-éveillé. L'idée, la création naissent de l'analogie et de la pensée divergente « non rationnelle ». Par conséquent, il faut rechercher les analogies et oublier le rationnel pour leur donner des chances d'apparaître. Toutes les « recettes » reposeront peu ou prou sur cette notion fondamentale.

Essayez de trouver un maximum d'utilisations inhabituelles (au moins sept) pour chacun des objets suivants :
- une chaussure ;
- une brique ;
- une montre ;
- un portefeuille ;
- un vélo.

Pour la solution, voir p. 237.

Mise en forme et évaluation

Après avoir mis entre parenthèses la pensée convergente pour aboutir à une idée créative, il s'agit de **mettre** cette idée **en pratique**. C'est là, bien entendu, que la pensée logique revient au premier plan.

L'idée, en tant que telle, n'est le plus souvent qu'une ébauche, une ombre de solution. Il ne saurait être question de s'en satisfaire. Une fois trouvée l'idée, c'est-à-dire le « télescopage », la « superposition » du problème et d'un autre champ de référence, il reste à adapter vraiment cette idée au problème. Malheureusement, il n'y a pour cela ni truc ni recette : tout dépend de la nature du problème considéré et des contraintes (des vraies contraintes) auxquelles vous serez soumis. Néanmoins, il y a trois points à retenir.

Le premier point, c'est l'intérêt qu'il y a (comme nous l'avons indiqué au sujet de la « fiche de résultats ») à avoir défini avant toute réflexion les **critères d'acceptabilité** d'une solution. En d'autres termes, il faudra se poser la question : quels sont les éléments objectifs qui me feront dire que le problème est résolu ? En effet, dans l'appréciation d'un problème, les éléments subjectifs se mêlent facilement aux considérations objectives. Le risque existe donc de refuser une solution pour de « mauvaises » raisons, non parce qu'elle ne conviendrait pas, mais parce qu'elle choquerait les habitudes. Ce n'est pas tout de chercher une solution, encore faut-il savoir la reconnaître.

Le deuxième point, c'est l'**importance de l'action**. Comme l'a écrit Saint-Simon, « une idée sans exécution est un songe ». À l'issue de votre réflexion créative, vous aurez la graine de votre solution. Il vous appartiendra de la faire germer. Pour cela, le travail consistera pour vous à reprendre votre casquette de « rationaliste » et à étudier, à la lumière de la pensée convergente, la façon de mettre en pratique ce que vous aurez trouvé grâce à la pensée divergente. Cela n'est pas forcément immédiat. Les différents « pères » du Post-It ont eu du mal à pousser leur trouvaille. Lorsque Pilkington eut imaginé la technique du verre flotté, il lui fallut sept ans pour mettre au point une machine donnant toute satisfaction... Trouver une idée n'est pas facile ; la faire vivre non plus. Il y faut de la patience et de la persuasion. Mais si vous croyez que cette idée le mérite, poussez-la. Et dites-vous bien qu'en face de vous on vous donnera toujours mille raisons de ne pas l'appliquer. C'est le lot de la nouveauté d'être discutée, critiquée ou considérée avec méfiance. Une personne créative doit être – aussi – un bon vendeur et un avocat persuasif. Et elle doit être opiniâtre. Rappelez-vous la formule d'Irène Joliot-Curie, qui fut prix Nobel de chimie et qui savait de quoi elle parlait : « L'invention est la faculté de mener à bien une entreprise. »

Quant au troisième point, c'est l'importance de l'**humilité**. Il arrive parfois qu'une idée d'apparence superbe, tenue à bout de bras par son inventeur, se révèle à l'usage tout à fait inefficace… Tout le jeu consiste alors à chercher une ou des façons d'améliorer l'idée originale, ou de trouver une nouvelle idée. Soyez humble, admettez la possibilité de vous être trompé et, suivant les conseils de ce livre, sachez tirer profit de l'échec en trouvant son côté positif. Après tout, Edison a commencé par trouver des centaines de façons de ne pas faire fonctionner un phonographe, un télégraphe ou une lampe électrique…

> **« Et si l'Humanité était non pas bi- mais trisexuée et qu'il faille se mettre à trois personnes pour concevoir un enfant ? »**
> **Imaginez et notez sur une page les conséquences possibles de cette situation dans les différents domaines auxquels vous pouvez penser.**

Pour la solution, voir p. 238.

Différentes techniques de créativité

Comme nous l'avons vu, le principe fondamental de la créativité (dans la phase de recherche de l'idée) consiste, d'une part, à générer des analogies et, d'autre part, à abaisser les barrières de la logique pour laisser travailler l'inconscient. Outre la technique du rêve éveillé, déjà décrite, il en existe de nombreuses autres destinées à faciliter l'émergence des idées créatives. Nous en indiquons ici quelques-unes, sans que cette description se prétende exhaustive.

La recherche d'analogies

Il s'agit de rechercher les domaines qui se rapprochent du problème étudié, suivant ses différentes composantes. On commence par inscrire sur un papier les objets ou les situations similaires au problème, selon la formule : « C'est un peu comme... » Cette première étape doit se faire sans aucune retenue, de façon presque automatique, l'important étant de noter tout ce qui vous viendra à l'esprit.

Dans un second temps, il faudra éliminer les fausses analogies (par exemple les associations d'idées ou les ressemblances phonétiques) et regrouper les différentes propositions par catégories ou par caractéristiques. À partir de là, on verra se dégager de grandes fonctions de l'objet étudié, que l'on pourra organiser (ce qui permettra éventuellement de trouver de nouvelles analogies).

Ce travail de classement effectué, on cherchera comment transposer au problème étudié les solutions existant dans les différents domaines analogiques.

Par exemple, on pourrait chercher des analogies pour inventer un nouveau système de volets pour les fenêtres. On pensera à un obturateur photographique, à une paupière, à un rideau (fonction d'arrêt de la lumière) ; à un blindage, à des lunettes de soleil, à un masque (fonction de protection et de dissimulation) ; à un panneau décoratif, à une affiche (fonction esthétique) ; etc. En regroupant ces objets et en privilégiant telle ou telle fonction, on pourra imaginer de nouveaux types de volets. Bien entendu, cette technique ne sera efficace que si le problème est chaque fois correctement transposé, avec toutes ses composantes et toutes ses contraintes.

Notons au passage que cette technique permet d'apercevoir des analogies inattendues. Si le rôle du volet est d'arrêter la lumière, le flux lumineux, n'est-il pas en quelque sorte comparable à un bouchon, une bonde de lavabo ou un robinet ?

> **Par la technique de l'analogie, essayez d'imaginer différentes façons d'améliorer une cabine téléphonique.**

L'identification

Il s'agit d'un exercice à mi-chemin entre la recherche d'analogies et le rêve éveillé. Le principe est de s'imaginer personnellement intégré dans le problème considéré, en s'identifiant aux objets ou aux phénomènes en jeu. Il est particulièrement intéressant pour la réflexion sur des problèmes techniques ou mécaniques.

Il s'agit d'expliquer et de mimer le « voyage » effectué au cœur du problème, en essayant de ressentir véritablement ce que l'on décrit. C'est donc un véritable « jeu de rôles », à mener pour soi-même. L'idée créative peut venir d'une association spontanément formulée, ou d'une solution proposée en analogie avec le fonctionnement du corps humain.

Par exemple, dans le cas des pigeons d'argile, le rêve décrit est une identification du chercheur à la cible. Un technicien pourra s'imaginer en train de se promener sous le capot d'un véhicule ou à l'intérieur d'un moteur. Einstein a expliqué que, dans son enfance, il s'imaginait parfois être un rayon de lumière se promenant dans l'espace... Bref, cette technique, appliquée de façon sincère, peut s'avérer très utile.

> **Essayez d'imaginer différentes façons d'améliorer une douche en vous identifiant successivement au jet d'eau, au robinet puis à l'utilisateur.**

Le concassage

Nous l'avons déjà évoqué au sujet des mots ; il s'agit ici d'aller beaucoup plus loin. C'est une technique particulièrement efficace lorsqu'on étudie un objet ou une fonction « simples ». Elle consiste à imaginer les différentes transformations que l'on pourrait faire subir à un objet. Le jeu consiste à appliquer mentalement, de manière systématique, différentes opérations à un objet ou à une fonction jusqu'à en faire quelque chose de tout à fait nouveau afin de le considérer d'un œil neuf. Qu'est-ce qui en ressort chaque fois ? Les nouveaux objets, ainsi créés, sont-ils des améliorations de l'objet existant ? Qu'est-ce qui s'oppose à leur existence ? Pourquoi ?

À titre d'exemple, on pourra essayer d'imaginer ce que deviendrait un objet familier si on lui faisait subir les traitements suivants :

– Augmenter (le poids, la taille, le volume, le prix, l'usage, le salaire, la qualité, la sécurité, l'importance sociale...) ;

– Diminuer (*idem*) ;

– Inverser (l'usage, le rôle, la chronologie d'utilisation, le processus de fabrication, la présentation, le processus de distribution…) ;

– Juxtaposer (avec des éléments n'ayant rien à voir, contradictoires, intervenant en amont ou en aval) ;

– Transformer (la forme, la couleur, le matériau, le lieu et le moment d'emploi, l'utilisateur, le coût, le prix de vente…) ;

– Remplacer (l'objet par d'autres, affecter d'autres usages à l'objet…).

Cette liste n'a qu'une valeur d'exemple et n'est pas exhaustive : pour chaque cas, on pourra trouver des traitements de concassage spécifiques. L'important est de se prendre au jeu afin de s'ouvrir l'imagination et de mettre de côté les « évidences » que l'habitude a pu installer dans l'esprit.

> **Comme exercice, faites un « concassage » des objets suivants :**
> **– un stylo-bille ;**
> **– la clé de chez vous ;**
> **– un morceau de gruyère.**

Le voyage

Ici, le principe consiste à s'imaginer dans un pays ou sur une planète totalement imaginaires, où le problème a été rencontré et résolu. Vous devez imaginer que vous vous promenez, que vous découvrez que le problème n'existe plus, et que vous demandez aux habitants comment ils s'y sont pris.

Bien entendu, c'est vous qui faites les réponses : il s'agit presque d'un exercice de dédoublement de personnalité. Aussi, avant de vous lancer dans l'interview des habitants, prenez un long moment pour bien imaginer et surtout visualiser le décor, l'apparence, les conditions de vie… Plus vous irez loin dans la précision et la visualisation, plus efficace sera la technique.

Techniques aléatoires

Ces techniques sont à utiliser si vous cherchez à nourrir votre imagination dans le cadre d'une invention sans trop de contraintes, plutôt que dans le cadre d'une résolution de problème. Elles consistent à employer différentes sources prises au hasard (aléatoires) pour faire naître l'inspiration.

Nous avons déjà évoqué les techniques de création « sous contraintes » employées par l'écrivain Raymond Roussel. Dans le même ordre d'idées, Léonard de Vinci conseillait à ses élèves de contempler les taches d'humidité sur les murs pour stimuler leur imagination en y découvrant décors et constructions fantastiques.

Lorsque vous chercherez à inventer une histoire ou un jeu, par exemple, vous pourrez appliquer la même recette, ou prendre des mots ou des dessins au hasard dans un livre, ou choisir quelques objets au hasard et vous efforcer, soit de les combiner, soit de les ramener à votre problème… Par exemple, pour revenir à notre problème de douche, comment le rapprocher d'un dessin représentant un piano ? Eh bien, on pourrait par exemple imaginer des cabines de douche de luxe, aux parois tapissées de bois laqué ; ou une douche dont le jet serait commandé par une pédale et non par un robinet, ce qui permettrait de garder en permanence les mains libres pour se savonner… Le principe est de s'imposer une contrainte, de se forcer à trouver quelque chose. Il est difficile ici d'indiquer une façon particulière de procéder. Retenez plutôt le principe à l'œuvre : en mariant hasard et contraintes, vous stimulerez votre imagination.

> **Ouvrez un livre au hasard et prenez-y trois mots. Puis, en dix minutes, écrivez un poème de six vers au moins, contenant ces trois mots.**

Quelques mots sur les techniques proposées

Comme tout ce qui précède pourra sembler un peu puéril à certains, il nous paraît bon de conclure par quelques éclaircissements.

• Un jour, Gordon, l'un des fondateurs des techniques de créativité, réalisa devant quelques scientifiques assistant à ses séminaires l'expérience suivante. Il installa un chimpanzé dans une cage constituée de deux murs latéraux et d'une façade en barreaux, mais sans mur de fond. Puis il mit une banane devant la cage.

L'animal essaya d'abord d'attraper le fruit à travers les barreaux. Ayant échoué, il eut au bout d'un moment l'idée de sortir de la cage, c'est-à-dire de **s'éloigner** de la banane pour faire le tour du mur et venir enfin saisir le fruit… Par cette démonstration, Gordon entendait faire toucher du doigt à ses auditeurs le rôle positif d'un apparent éloignement.

Il en va de même avec les techniques proposées. Elles ont pour rôle de faciliter l'émergence d'idées neuves face à un problème connu. Leur rôle est donc de changer l'aspect du problème, de le présenter sous un jour nouveau, inhabituel, de le « déguiser ». Elles ont aussi pour rôle de faire oublier, pour un temps, la pensée logique (ce qui contribue forcément à leur donner une apparence puérile). Mais en fait, si l'on paraît tourner le dos au problème et s'en écarter, c'est finalement pour mieux y revenir. Comme dans le cas du chimpanzé, le détour est ici le trajet le plus efficace du problème à la solution.

Cela dit, rappelez-vous que la pensée irrationnelle n'intervient que dans une seule phase de la démarche créative : celle de la recherche d'idées. Toutes les autres phases, en particulier la définition du problème, l'évaluation des solutions et la mise en application de l'idée retenue, devront être menées avec logique, cohérence et rigueur. Ce qui n'exclut évidemment pas la tolérance et l'ouverture d'esprit…

En dix minutes, bâtissez un exposé d'environ dix minutes à partir de l'un des sujets suivants :
– « la balle » ;
– « le champion » ;
– « le mur » ;
– « le désert ».

Pour la solution, voir p. 239.

POUR NOUS RÉSUMER : FACE À UN PROBLÈME...

– posez-le **clairement** et **simplement**, de façon « SMAC », si nécessaire en rédigeant une **fiche de résultats** ;

– collectez des **informations** concernant le plus grand nombre d'aspects du problème, en évitant toutefois d'intégrer des réflexes trop sclérosants ;

– **imprégnez-vous du problème** jusqu'à en faire un « animal familier » pour votre esprit ;

– cessez ensuite d'y réfléchir et, pendant un certain temps, **laissez votre inconscient travailler pour vous** ;

– si vous devez travailler vite, stimulez votre imagination en

- étant **enthousiaste** et **frondeur**,
- faisant **plusieurs choses à la fois** ;

– **repérez** les moments où vous avez vos meilleures idées et **organisez-vous** pour en tirer profit ;

– ayez recours aux techniques de créativité consistant à **rechercher les analogies** et à **écarter la pensée logique** ;

– quand vous avez une idée, **mettez-la en pratique** : l'idée seule est un germe et non un fruit.

PERSPECTIVES SUR LA CRÉATIVITÉ EN GROUPE

L'objectif de ce livre est de vous permettre de développer votre propre capacité créative. C'est pourquoi il est axé sur les démarches individuelles.

Cependant, vous pouvez être amené, dans le cadre de votre travail ou même, pourquoi pas, de votre vie familiale, à rechercher en groupe des solutions créatives. Cela est d'autant plus intéressant qu'il a été montré, à travers un très grand nombre d'études, que l'effet de groupe permet d'abaisser facilement les barrières rationnelles et que, à condition de respecter quelques règles simples, la production d'un groupe sera plus riche en qualité comme en quantité que celle d'une personne seule.

C'est pourquoi nous avons tenu, pour clore ce livre, à vous indiquer quelques principes d'organisation et d'animation d'une **réunion de créativité**.

Travail préliminaire

L'objectif d'une réunion de créativité est de remplacer la démarche créative « longue » et aléatoire d'un individu par une démarche collective courte. Il s'agit de réaliser, en quelque sorte, une production industrielle d'idées. Pour autant, les étapes par lesquelles il faut passer pour atteindre cette idée restent les mêmes. Aussi, beaucoup de ce que nous avons vu précédemment reste valable dans la perspective d'un groupe.

Le premier travail à réaliser, avant de recourir à un groupe, est la **définition claire du problème**. On devra s'attacher à le résumer sous une forme simple, aisément compréhensible pour des profanes. Bien entendu, la rédaction d'une « fiche de résultats » est ici particulièrement indiquée.

Le second travail est de **déterminer la composition du groupe**. Pour cela, vous devez être le seul responsable et vous sentir libre de toutes contraintes hiérarchiques amicales ou autres. Le groupe sera composé de six à huit personnes pour une séance de travail d'une demi-journée ou d'une journée. Vous choisirez des personnes motivées par le sujet traité et par l'idée de participer à ce type de réunion (pas de participation obligatoire !). Vous essaierez d'éviter les trop grandes disparités d'âge, de style de vie, de culture ou de revenu : il est impératif que le groupe puisse trouver rapidement une unité en évitant les phénomènes d'exclusion ou de bouc émissaire. En revanche, prenez des hommes et des femmes.

Ensuite, veillez à la **bonne organisation pratique** de votre réunion. Choisissez une salle claire et assez grande pour que le groupe puisse s'y sentir à l'aise. Prévoyez du matériel : crayons et blocs pour chacun, paper-board et feutres pour vous, rouleau adhésif ou punaises pour afficher des feuilles, endroit où afficher ces feuilles. Pensez aussi à des rafraîchissements et, si nécessaire, à des en-cas. Enfin, vérifiez jusqu'au dernier moment que tous les participants seront bien libres et consacrés entièrement au groupe : pas question d'interrompre une séance par des communications téléphoniques ou l'irruption d'un dossier urgent !

Enfin, pensez à indiquer aux participants un **horaire** précis de début et de fin de réunion, ainsi que le lieu où elle doit se dérouler. Le mieux est d'envoyer une note écrite à chacun. Une séance « normale » durera entre quatre et huit heures ; mais certains problèmes plus difficiles ou plus importants pourront faire l'objet de stages résidentiels (deux jours, le plus souvent) dans un cadre dépaysant par rapport au lieu de travail habituel.

Il y a quelques erreurs à ne pas faire lorsqu'on organise un groupe de créativité.

Ce sont par exemple :

– Animer la réunion alors que l'on est soi-même le poseur du problème : on risque alors de manipuler le groupe, de l'orienter, consciemment ou inconsciemment, vers les solutions que l'on a déjà choisies ou qui paraissent les meilleures.

– Intégrer le poseur du problème dans le groupe, surtout s'il dispose d'une autorité naturelle ou hiérarchique sur certains des membres.

– Ne composer le groupe qu'avec des personnes connaissant très bien le problème et, en particulier, les contraintes qui l'enferment. On va alors droit vers des réponses stéréotypées.

– Mettre dans le groupe des personnes qui ne peuvent pas s'entendre, ou faisant partie de services en conflit au sujet du problème.

Une fois contrôlés ces différents points, vous pourrez passer à la réunion proprement dite.

Conditions d'une réunion de créativité

Le principe d'une telle réunion est d'arriver à la qualité par la quantité des idées émises. L'objectif est donc bien la **production** de ces idées.

Pour cela, il faudra impérativement respecter et faire respecter les **consignes** suivantes :

– Pas de comportement critique, ni vis-à-vis de soi-même (autocensure) ni vis-à-vis des autres. Il ne doit pas y avoir pendant la phase d'émission des idées d'évaluation de quelque nature que ce soit.

– Accepter de jouer le jeu, de se laisser aller. Ne pas craindre de dire des bêtises, mais au contraire exprimer spontanément ce que l'on ressent et ce qui passe par la tête.

– Pour autant, ne pas conserver la parole trop longtemps : faire des interventions brèves en allant à l'essentiel (sauf bien sûr si l'animateur donne la consigne contraire dans le cadre d'un exercice précis).

– Chercher systématiquement à associer, à s'inspirer de ce qui vient d'être dit. Ne pas contredire, mais construire sur les idées des autres. Proscrire les « non » et autres « mais » en début d'intervention.

– Ne pas interrompre, mais écouter et surenchérir.

La quantité et la qualité des idées émises seront d'autant meilleures que le groupe se sentira plus libre. Il appartiendra à l'animateur de créer tout de suite une identité de groupe et, tout au long de la séance, de maintenir une atmosphère d'enthousiasme, de jubilation. Il importe que les participants soient dans un état d'esprit un peu enfantin, propice à l'abaissement des barrières de la pensée logique. On pourra pour cela recourir à différentes techniques indiquées en fin de chapitre.

L'animateur devra veiller au respect des consignes de la réunion. Il devra également s'assurer que la cohésion du groupe se maintient, que le rythme est soutenu (attention aux plages de silence) et que la motivation du groupe ne s'altère pas. Il devra veiller à ce que l'effort du groupe, dans le cadre des exercices proposés, reste bien centré sur le problème. Il devra enfin contrôler le respect du timing.

D'une façon générale, l'animateur a pour rôle de permettre l'expression libre et totale des membres du groupe. Il doit donc pousser les différentes pistes ébauchées, relancer en permanence les participants, demander des précisions, faire s'exprimer... Il doit maintenir le groupe sous pression constante et, en même temps, être le reflet fidèle de ce que le groupe émet.

Il doit stimuler, reformuler, et surtout renvoyer au groupe les idées émises, pour permettre de nouvelles associations. Catalyseur du groupe, il doit être neutre par rapport au sujet. Guide du groupe, dans la mesure où il veille à l'emploi du temps et propose des techniques nouvelles de recherche d'idées, il doit être directif en souplesse, et « sentir » le groupe assez bien pour ne pas en briser l'élan.

CE N'EST PAS UN RÔLE FACILE.

Aussi l'expérience s'acquiert-elle à chaque nouvelle séance animée. Il existe aussi, d'ailleurs, des séminaires de formation à ce rôle d'animateur.

Organisation et structure de la réunion

Organisation

C'est à l'animateur de prévoir, avant la réunion, la façon dont l'espace de travail sera organisé. Dans l'idéal, on essaiera de disposer la salle de la façon suivante :

– des sièges confortables, en nombre suffisant ;

– pas de table ;

– pas d'éléments perturbateurs (bruits de rue, téléphone...) ;

– un ou (c'est mieux) deux paper-boards placés à distance de lecture des participants ;

– un endroit large où afficher différents papiers ;

– le matériel nécessaire (papier, crayons, rouleaux adhésifs, feutres...).

Dans un endroit de la salle bien visible du groupe, on affichera :

– la formulation du problème auquel le groupe a pour but de trouver une solution ;

– les consignes de la méthode de créativité employée pendant la séance (nous reviendrons sur ce point un peu plus loin) ;

– le timing, en particulier l'horaire de fin de séance.

Enfin, il faudra prévoir, à l'issue de la première phase de réunion, un moyen pour les participants d'afficher leurs prénoms. On pourra utiliser des « cavaliers » si la réunion se tient autour d'une table. Sinon, ce qui est préférable, l'organisateur aura prévu des badges d'assez grande taille que chaque participant recevra le moment venu.

Structure

Avant tout, l'animateur devra **expliquer** au groupe le but de la réunion. Cela ne se fera pas de façon strictement neutre, mais avec déjà l'effort d'instaurer dans le groupe un esprit d'enthousiasme et de confiance. Il faudra donc faire sentir aux participants qu'ils ont été « choisis », qu'ils forment une équipe ou un commando dont la mission est de tordre le cou au problème dans le temps imparti. La présentation doit être stimulante, elle doit donner au groupe envie de « se défoncer ».

L'animateur doit aussi, au cours de cette première phase, rappeler clairement les consignes de la séance et le timing. Il les inscrit au fur et à mesure sur une feuille de papier bien lisible qu'il affichera dans un coin de la salle. Il rappelle aussi l'énoncé du problème auquel le groupe va s'attaquer, rédige cet énoncé sur une autre feuille et l'affiche bien en vue du groupe à côté de la première.

À l'issue de cette phase, l'animateur doit aider le groupe à se « chauffer » et à **trouver un esprit collectif**. Pour cela, il va demander à chacun des participants de se présenter, mais suivant des techniques un peu particulières qui forceront les membres du groupe à sortir de leurs habitudes et, confrontés ensemble à des expériences inhabituelles et « dérangeantes », à ressentir un début de cohésion. Vous trouverez plus loin quelques exemples de ces techniques de présentation « inhabituelles ». L'objectif est de souder le groupe, mais aussi de lui faire sentir que « quelque chose » d'amusant et de stimulant se passe, que la réunion est le lieu d'une certaine liberté. L'animateur doit instaurer un climat de détente, de curiosité, d'écoute et d'ouverture aux autres.

Après cette phase de présentation-libération, l'animateur va passer à une troisième phase appelée « **phase de purge** », qui consiste pour le groupe à lister très vite, sans retenue ni ordre, toutes les idées ou réflexions que lui inspire le problème. L'animateur, au cours de la purge, pousse le groupe à s'exprimer de façon brève et ininterrompue, tout en notant sans aucun filtre les propositions émises.

L'objectif de cette purge est double.

D'une part, elle sert au groupe à accumuler le matériau de départ de ses réflexions : c'est à partir des idées émises à ce moment que le travail ultérieur se fera. L'animateur doit donc bien tout noter, mais aussi bien prévenir le groupe que cette « production » sera exploitée par la suite et que, donc, de sa qualité dépend la réussite de la séance. Il doit stimuler le groupe, le pousser dans ses retranchements.

D'autre part, la purge doit servir à vider les participants de tout ce qu'ils ont en tête concernant le sujet (d'où, d'ailleurs, cette appellation). L'animateur évite ainsi que tel ou tel participant ne ressente l'impression de n'avoir pas été écouté, ou que des solutions « évidentes » ne soient reproposées à tout bout de champ. Il prépare aussi le groupe aux phases suivantes, celles de créativité proprement dites. Ayant tout sorti, n'ayant plus rien sur le cœur ou dans la tête, le groupe sera disponible : prêt à écouter, à inventer ou à délirer.

À la fin de la purge, l'animateur devra très rapidement **organiser les idées** émises en grandes catégories, afin de faire émerger un semblant d'ordre. Il doit faire cela très vite, sans se lancer dans un long et fastidieux travail de classement ou de synthèse qui laisserait « refroidir » le groupe. Une fois terminé ce classement sommaire et rapide, l'animateur indiquera les grandes familles d'idées sur un papier qu'il affichera en vue du groupe. Puis, dans l'ordre de ces familles, il pourra reprendre une à une les idées émises pour leur appliquer la technique créative retenue.

Une fois le matériau de base recueilli et sommairement classifié, on passe à la **phase de créativité proprement dite**. Celle-ci pourra être choisie parmi les techniques que nous indiquons ci-dessous, ou trouvée dans d'autres ouvrages, ou même (pourquoi pas ?) imaginée par l'animateur. On pourra aussi, si le timing et la qualité du groupe le permettent, prévoir dans une seule séance plusieurs techniques différentes. D'une façon générale, une technique sera bonne si elle permet au groupe :

– de travailler dans un état d'enthousiasme sans contrainte ni censure ;

– d'associer et de bâtir librement sur les idées émises ;

– de s'éloigner du sujet traité (dans un premier temps) mais aussi d'y revenir.

Pendant la phase « créative », l'animateur sera attentif à surveiller l'état du groupe. Si un silence commence à s'installer, il devra relancer les participants sur une idée émise et peu exploitée, ou éventuellement réamorcer une purge. Un groupe fatigué se reconnaît, outre le silence, par l'apparition de discussions à deux ou trois, par des critiques ou des phrases négatives, par des regards distraits portés dans la salle ou par l'arrivée de plus en plus fréquente d'histoires à connotation sexuelle.

Attention à ne pas perdre de vue un point essentiel : le but de la réunion est de trouver une solution à un problème précis et, en dépit d'une apparente gratuité, tous les exercices et toutes les techniques utilisés devront ramener à ce souci. C'est le rôle de l'animateur d'éviter les dérapages, les digressions, les débordements... et de s'assurer que la production du groupe revient bien au problème.

La dernière phase sera celle de l'**exploitation des résultats** de la réunion. Elle pourra être faite soit en fin de séance, avec l'aide des participants, soit par l'animateur seul une fois la séance achevée.

Si elle se fait avec le groupe, l'animateur devra impliquer effectivement les participants et ne pas être seul à travailler. Les idées produites et leurs développements seront relus et classés en thèmes (par exemple, suivant les types de solutions ou la nature des moyens requis pour chaque solution...). Chaque thème nouveau sera affecté à un participant, qui récupérera au fur et à mesure de la lecture les idées qui s'y rapporteront. Ainsi, chaque membre du groupe aura la responsabilité d'un « sous-dossier ». Une fois achevée la lecture, on reprendra thème par thème les idées émises, en les confrontant aux contraintes données par le poseur du problème, et on décidera avec le groupe des solutions qui seront ou non retenues et proposées. Ce sera l'occasion de chercher à améliorer les idées moins abouties et de faire une hiérarchie entre les solutions dont le groupe est particulièrement fier et celles qu'il propose en second choix.

Si l'exploitation est faite par l'animateur seul, il devra reprendre une à une les feuilles de paperboard où les idées auront été notées, en cherchant là aussi à regrouper ces idées en thèmes. Puis il pratiquera comme indiqué précédemment, en confrontant les idées aux contraintes du problème et en hiérarchisant les solutions. Le cas échéant, l'animateur pourra demander l'aide d'une personne extérieure au problème, afin d'éviter de réintroduire dans la sélection des solutions ses propres préférences.

Quelle que soit la démarche retenue, l'animateur n'oubliera pas, en fin de séance, de faire un **bilan rapide**. Il valorisera le travail effectué par le groupe, en qualité comme en quantité, et remerciera les participants de s'être rendus disponibles pour la séance. Enfin il se souviendra, dans les jours ou les semaines suivants, de tenir les participants informés des suites que la réunion aura pu avoir (solution retenue en finale, délai de mise en application, satisfaction exprimée par la hiérarchie, etc.).

Techniques de présentation du groupe

Comme nous l'avons dit, ces techniques ont pour but de faire sortir les participants de leurs habitudes et, en les confrontant ensemble à une situation « gênante », de susciter un esprit de groupe. Elles ont aussi pour effet de créer chez les participants curiosité et ouverture à l'autre, tout en les obligeant à faire appel à leur imagination.

Le recours à de telles techniques est d'autant plus important que la réussite ou l'échec de la séance dépendent en grande partie du résultat des premières phases. L'animateur devra donc apporter au début de la séance un soin tout particulier.

En ce qui concerne les présentations proprement dites, l'animateur veillera à choisir, pour commencer, une personne dont l'élocution ou le comportement lui auront paru plutôt décontractés. Commencer par quelqu'un de mal à l'aise pourrait faire mauvais effet... Il veillera aussi à ce que, lors de leur présentation, les personnes s'expriment sur elles-mêmes, dans le cadre des consignes de l'exercice, en évitant les sujets généraux ou les dialogues. Le but n'est pas de tenir une conversation mondaine.

Le magicien

À tour de rôle, chacun des participants imagine qu'il rencontre un magicien, qui lui propose d'exaucer cinq vœux. La personne doit d'abord raconter brièvement les circonstances de cette rencontre, puis indiquer quels sont ses vœux en expliquant chaque fois ses raisons. Les autres membres du groupe pourront demander des précisions ou des justifications.

Le double

Un peu à la façon d'un jeu de rôles ou d'un bal masqué, chacun doit s'inventer un double, un personnage imaginaire. Au cours de la présentation, il n'est pas du tout question du statut réel de la personne, mais seulement de ce que fait et pense ce double imaginaire : son mode de vie, ses habitudes, ses espoirs... Plus grande sera la précision, meilleur sera l'exercice. Là aussi, les autres membres du groupe pourront faire préciser tel ou tel point par des demandes d'explications.

La fin du monde

On imagine que, pour des raisons astronomiques absolument inévitables, la fin du monde doit se produire dans trente-six heures exactement. Chacun doit prendre dix minutes de réflexion, puis raconter aux autres la façon dont il essaierait de tirer parti de ces dernières heures.

Le jeu des métiers

Cette technique peut être intéressante dans un groupe dont les membres ne se connaissent pas ou peu. Elle consiste à faire imaginer par les autres, d'après l'aspect, l'habillement, le comportement, etc., l'activité et la vie quotidienne de chacun. Une fois terminé le tour de table, la personne concernée expliquera sa vraie situation, et pourra dialoguer sur les éléments qui auront fait naître telle ou telle hypothèse.

Le questionnaire

Chaque personne à tour de rôle ne se présente qu'en réponse aux questions que lui pose le groupe. Une fois terminé ce questionnaire, elle pourra apporter des précisions ou donner des informations qui lui paraîtront importantes. Cette technique permet de développer dans le groupe l'écoute et l'ouverture aux autres, surtout si le groupe se rend compte qu'il a laissé passer lors de son interrogatoire des aspects importants de la vie de la personne.

L'histoire improvisée

Ici les membres du groupe ne vont pas réellement se présenter, mais plutôt travailler la cohésion et l'aptitude à bâtir sur ce qu'ont dit les autres. C'est pourquoi, avant de commencer l'exercice, l'animateur pourra demander à chacun de se situer en quelques mots.

Pour l'exercice, l'un des participants s'invente un personnage, dont il décrit rapidement la position (« Je suis un pilote américain en permission à Londres pendant la Seconde Guerre mondiale... »). Puis, à tour de rôle, les autres membres entrent dans le jeu en s'inventant eux aussi des personnages qu'ils relient aux précédents, bâtissant ainsi une action et une histoire. Au bout d'un certain temps, tout le groupe est impliqué et chacun peut ajouter à son gré des détails pour faire évoluer la narration. L'exercice prend fin avec l'histoire, ou avant si l'animateur le souhaite.

La présentation surprise

L'animateur prépare avant la réunion des petits papiers en nombre supérieur à celui des participants. Chaque papier porte une formule de présentation sous forme de « portrait chinois », du type « Si j'étais un livre, ce serait... », etc. À tour de rôle, chacun tire au hasard un papier et se présente au groupe en suivant la consigne et en justifiant chaque fois ses propos. Le groupe peut questionner et faire préciser différents points, mais toujours dans le cadre de la consigne.

On peut imaginer bien d'autres exercices sur ce thème de la présentation. L'important, répétons-le, est de créer chez les participants cohésion, sympathie et écoute mutuelle. L'animateur pourra aussi varier les exercices, chaque participant devant se présenter aux autres suivant une technique différente.

Techniques de créativité en groupe

Dans les pages qui suivent, nous indiquons quelques techniques à employer lors de réunions de créativité. Ces techniques sont à utiliser après la phase de purge. Elles ont pour but d'inciter le groupe à produire de nouvelles idées **à partir** de celles émises pendant la purge. En fonction du timing, l'animateur pourra décider de n'employer qu'une seule technique ou d'en faire se succéder plusieurs. Le choix de la technique employée dépend aussi de la nature du problème traité (recherche d'idées sur un domaine large ou résolution d'un problème précis, problème technique ou humain, etc.) et de la façon dont, dans les phases de présentation et de purge, l'animateur aura « senti » le groupe. L'efficacité, ici, naît aussi de l'expérience.

D'autre part, nous rappelons que la séance de créativité proprement dite n'aura de véritable efficacité que dans la mesure où le problème aura été correctement posé. Il vaut mieux repousser une séance que de la mener sur des bases dont l'animateur ne sera pas vraiment sûr.

Enfin, le maniement de ces techniques suppose une certaine préparation. Il est donc conseillé à l'apprenti animateur de réfléchir **avant la séance** à celle qu'il compte employer et de répéter un peu…

Recherche d'analogies

On reconnaît là le principe fondamental de la créativité. Une fois achevée la purge, le groupe est invité par l'animateur à dire ce que le problème posé lui évoque. Par exemple, si on travaille sur un problème de forme de carrosserie automobile, on pourra évoquer une balle de fusil ou un poisson nageant dans l'eau (fonction dynamique), un coffre-fort ou une boîte à œufs (fonction de protection), etc. L'habileté de l'animateur consistera ici à emmener le groupe explorer des analogies de plus en plus lointaines.

Une fois listé un bon nombre d'analogies, on les reprendra une à une et on cherchera systématiquement de quelle manière, dans chaque cas, le problème pourrait être résolu. L'animateur devra ici faire particulièrement attention à ce que le problème soit bien considéré par le groupe tel qu'il a été posé, avec ses limites et ses contraintes. Pour faciliter la réflexion, on reviendra aux idées exprimées durant la « purge » et on fera associer par le groupe ces idées à chaque analogie (c'est la phase de « croisement »).

Bien entendu, l'animateur devra stimuler le groupe tout au long de sa réflexion et noter en même temps sur le paper-board les idées exprimées par les participants.

Dans le cas où l'on déboucherait sur des analogies techniques, il est indifférent que le groupe connaisse ou non ce dont il parle. Peu importe que les participants sachent réellement comment nage un poisson ou comment se comporte une balle de fusil. Ce qu'ils imaginent ou ce qu'ils ressentent est tout aussi intéressant pour le résultat de la réunion que ce qu'ils savent.

Identification

Nous avons déjà évoqué cette technique pour la créativité individuelle. Ici, l'un des participants doit tenir le rôle d'un élément **concret** intervenant dans le problème. Il décrit alors, en état de « rêve éveillé », ce qu'il ressent. Les autres membres du groupe lui posent des questions ou lui font préciser ses propos, en particulier ceux concernant le ressenti (« Que vois-tu ? » ou « Que se passe-t-il à côté de toi ? »). Pour favoriser cet état de rêve, il sera bon de faire passer la personne par une phase de relaxation et de baisser la lumière. L'animateur veillera à empêcher les questions qui pourraient provoquer chez le « rêveur » des justifications rationnelles, du type : « Pourquoi dis-tu ça ? »

Après cette phase d'exploration, on reviendra aux idées exprimées lors de la purge pour les étudier à la lumière de ce qui aura été raconté. Si possible, on réécoutera en groupe les propos du « rêveur » enregistrés sur magnétophone.

Éparpillement

Cette technique est très intéressante lorsque l'on s'attaque à un problème concret. Elle consiste à « éparpiller » les données du problème, à le faire décomposer par le groupe en éléments simples, le plus simples possible.

Pour cela, l'animateur inscrit sur son paper-board des colonnes intitulées, par exemple, « Constituants », « Fonctions », « Moments », « Lieux »... qui contiendront respectivement les listes des éléments qui composent l'objet, des services qu'il doit rendre, des moments et des endroits où il est employé, etc. Ces colonnes seront remplies une à une, de façon instinctive et spontanée plutôt que réfléchie (on ne reculera pas, par exemple, devant les associations d'idées ou les jeux de mots). L'animateur devra stimuler le groupe pour aller au-delà des simples évidences.

Dans un second temps, on choisira avec le groupe les mots les plus intéressants et on leur fera subir un « concassage » (si on supprime ce constituant, si on l'agrandit, par quoi on peut le remplacer...). Tous les mots retenus devront être utilisés par le groupe pour faire naître une solution au problème. On pourra aussi chercher à créer de nouvelles solutions en croisant des mots entre eux, par exemple une fonction et un constituant.

Cet exercice peut démarrer de façon très rationnelle ; il peut donc être employé dès le début de la séance et faire office de purge.

Technique aléatoire

Cette technique aussi a déjà été évoquée pour la créativité individuelle. Elle consiste à proposer au groupe des mots choisis au hasard dans un livre, en lui demandant de chercher ou d'inventer les rapports qui peuvent exister entre ces mots et le problème posé, puis d'imaginer à partir de là des amorces de solutions. Le groupe trouve le plus souvent un rapport, l'intérêt de l'exercice étant que l'on obtient ainsi des pistes vraiment originales.

Dans un second temps, on croise les idées ainsi trouvées avec celles exprimées lors de la phase de purge.

Il sera également possible, si l'on dispose du matériel adéquat, de faire réagir le groupe suivant le même schéma non pas avec des mots, mais avec des images. L'animateur pourra se servir, par exemple, des photos de publicité découpées dans des magazines. Là aussi, le groupe devra chercher un rapport avec le problème : il vaut donc mieux utiliser des images assez riches, comportant beaucoup d'éléments, et à la signification « ouverte » (pour rendre une photo étrange et évocatrice, il suffit parfois d'en couper une partie).

En règle générale, cet exercice sera d'autant plus fécond qu'il s'appliquera lui-même à un problème large, du type « Inventer de nouveaux moyens de... ».

Matrices d'invention

Cette technique est plus rationnelle, en apparence, que les autres. Elle peut donc s'employer pour des groupes un peu fatigués ou moins « délirants ».

L'animateur sélectionne avec le groupe deux objets ou éléments intervenant dans le problème. Par exemple, pour une réflexion sur l'amélioration des cabines téléphoniques, on pourra prendre le téléphone lui-même et la machine à pièces. Il liste pour chaque objet ses fonctions et ses caractéristiques principales puis il les inscrit, celles du premier objet horizontalement et celles du second verticalement, à la manière d'une grille de mots croisés.

Le groupe cherche alors, à l'intersection de chaque couple de mots, les nouvelles idées que ces rencontres évoquent pour lui. Bien entendu, cette recherche doit se faire en toute décontraction, sans critique, évaluation ou autocensure. Certaines intersections existeront déjà, d'autres seront évidemment impossibles, mais certaines seront forcément intéressantes. C'est là que le groupe pourra trouver ou retrouver, sous une forme apparemment rationnelle, un prétexte à laisser vagabonder son imagination.

« Les explorateurs »

Cette technique, un peu longue, exige du groupe une bonne capacité imaginative et une bonne cohésion. L'animateur forme deux sous-groupes. Chaque sous-groupe, de son côté, commence par s'inventer un univers totalement délirant et surtout **déconnecté** de toute référence réelle ou imaginaire. Les membres des sous-groupes devront aller assez loin dans cette voie, se donner des noms et se définir des rôles, imaginer les conditions physiques et sociales de leur vie quotidienne, etc. Ensuite, ils imaginent la façon dont, dans leur monde, le problème étudié se trouve résolu.

À ce niveau, l'animateur doit veiller à ce que la transposition dans l'univers imaginaire de chaque sous-groupe respecte bien toutes les données et les contraintes du problème.

Une fois achevée cette étape, l'un des sous-groupes joue « les explorateurs » : il interroge l'autre sur sa façon de résoudre le problème, mais de manière très primaire et « bornée », en demandant des précisions à propos des choses les plus évidentes. Ainsi poussé dans ses retranchements, le groupe devra aller de plus en plus loin dans ses idées de solutions, en improvisant si nécessaire.

Dans un troisième temps, on fait la même chose en intervertissant les rôles. Puis on cherchera comment exploiter les deux modes de solutions trouvés par les deux sous-groupes. Bien entendu, l'animateur, témoin des deux interviews, aura tout noté au paper-board.

Si possible, l'animateur utilisera un magnétophone ou un magnétoscope pour enregistrer la séance. Le groupe pourra ainsi la revoir avec du recul, ce qui facilitera l'approfondissement des solutions.

POUR NOUS RÉSUMER :
LA RÉUNION DE CRÉATIVITÉ...

– soyez sûr d'avoir d'abord bien **défini le problème** ;

– composez un groupe de **6 à 8 personnes**, volontaires, disponibles, sans contraintes et sans experts ;

– soignez bien la **préparation matérielle** ;

– faites respecter les consignes : **pas de critique**, de l'**écoute**, de la **sympathie**, de la **folie** et des **associations** ;

– structurez bien votre réunion :
• **explications** préliminaires,
• **constitution** du groupe (présentations),
• **purge**,
• **éloignement** (techniques créatives),
• **croisement** des idées et du problème,
• **évaluation** et mise en forme ;

– respectez votre **timing** ;

– **remerciez** les participants et **informez-les** des suites de la réunion.

TEST 2

Vous avez terminé ce livre et fait les exercices qu'il proposait. Voici maintenant un second test qui va vous permettre d'évaluer les progrès que vous avez effectués dans une des dimensions de la créativité qui est la fluidité des réponses, c'est-à-dire le nombre de réponses pertinentes.

Ce test se présente exactement comme le précédent et la consigne est la même : huit épreuves, de niveau équivalent à celles du test 1, et deux minutes pour répondre à chaque épreuve.

N'oubliez pas :

– de vous munir de feuilles, crayon et chronomètre ;

– de ne pas arrêter de réfléchir tant que le temps n'est pas écoulé ;

– de ne pas vous limiter aux premières réponses, les plus banales, et de ne pas craindre l'originalité.

Prêt ? Allons-y…

1. Citez le plus possible d'objets bruyants (qui produisent un son).

⏲ 2 minutes

2. Citez tout ce que l'on peut faire avec un bouchon, autre que de boucher une bouteille.

⏲ 2 minutes

3. En quoi se ressemblent une bûche et une brique (citez un maximum de similitudes) ?

⏲ 2 minutes

4. Faites une liste de tous les objets que vous connaissez qui sont à la fois ronds et lourds.

2 minutes

5. Faites la liste des différents critères qui permettent d'ordonner (regrouper, classer) les objets d'un brocanteur.

2 minutes

6. Les maisons et les appartements n'ont désormais plus de portes. Faites la liste de toutes les conséquences qui découleraient d'un tel événement.

2 minutes

7. Une paire de chaussons normale. Faites la liste de toutes les façons nouvelles que vous pourriez imaginer pour l'améliorer d'une façon ou d'une autre.

2 minutes

8. À quoi ce dessin vous fait-il penser ? Faites la liste de tout ce qu'il pourrait représenter.

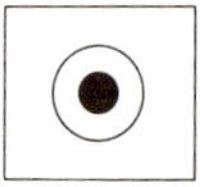

2 minutes

Ce test est terminé. Sa correction est simple.

– Relisez vos réponses et supprimez celles qui ne répondent pas précisément à la consigne. Par exemple, à l'épreuve 4, tous les objets cités doivent être effectivement ronds et lourds, etc.

– Comptez le nombre de réponses fournies à chaque épreuve, puis le nombre total de réponses.

– Comme au test 1, comptez, aux épreuves 2, 6 et 7, à combien de catégories différentes appartiennent vos réponses. Vous obtiendrez ainsi une note de flexibilité correspondant à ce nombre. Chaque catégorie différente donne un point.

Exemple pour l'épreuve 6 :

Les réponses : « Les voleurs rentreraient davantage » et : « Les voisins rentreraient plus spontanément » appartiennent à la même catégorie (que l'on pourrait intituler : « On rentre plus facilement »), alors que la réponse : « Les dépenses de chauffage augmenteraient » relève d'une autre catégorie.

Faites la somme de ces chiffres afin de vous doter d'une note globale de flexibilité ou de variété.

– Enfin comparez vos résultats au test 1 et au test 2, sans oublier de regarder à nouveau les réponses que vous avez fournies pour tenter d'évaluer si l'originalité des réponses a crû d'un test à l'autre. Vous pouvez évaluer l'originalité de vos réponses en leur attribuant 1, 2 ou 3 étoiles.

	TEST 1	TEST 2
Fluidité .... (nombre de réponses)		
Flexibilité .... (variété des réponses)		
Originalité		

Vous avez fait des progrès ? Bravo ! Mais n'oubliez pas que ce test ne mesure qu'une aptitude virtuelle à être créatif. L'être réellement demande d'autres qualités : sens de la persévérance, sensibilité aux problèmes, capacité de synthèse, sens du réel, etc., dont vous allez devoir faire également preuve. La personne véritablement créative se reconnaît à ce qu'elle se sert de sa créativité pour autre chose que faire de l'esprit.

IL EST TEMPS D'AGIR

RÉPONSES AUX EXERCICES DE LA DEUXIÈME PARTIE

1. Il n'existe **pas de bonne(s) réponse(s)** à l'ensemble des exercices proposés. Plus vos réponses sont nombreuses, originales, pertinentes, meilleures elles sont.
   Un bon entraînement consiste à reprendre, une fois que vous avez fini cet ouvrage, l'ensemble de ces exercices, afin de voir si vous trouvez de meilleures idées de réponses.

2. Réponses aux exercices des pages 102-103.
   – Pour former quatre triangles avec ces six allumettes, il faut concevoir une pyramide. La difficulté de cet exercice consiste à s'affranchir du plan à deux dimensions où il est présenté pour le résoudre dans un plan à trois dimensions.

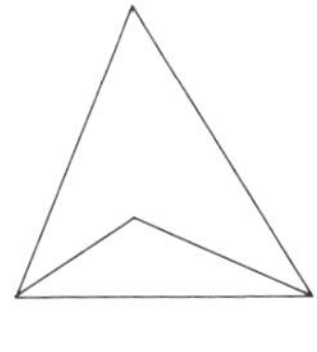

– Voici la façon de relier ces neuf points sans lever le crayon. Ici encore la difficulté disparaît si l'on pense à sortir du cadre carré formé par les neuf points.

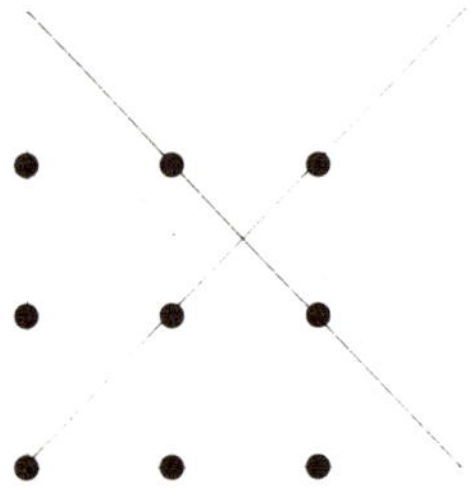

RÉPONSES AUX EXERCICES DE LA TROISIÈME PARTIE

1. **Exercice p. 122 :** les petits ciseaux font les grandes rizières (les petits ruisseaux font les grandes rivières).

2. **Exercice p. 129 :** on peut dire, par exemple, qu'un ballon de football et une chaise ont en commun les points suivants :
   - ce sont tous deux des objets ;
   - ils doivent tous deux être solides ;
   - ils contiennent tous deux la lettre « a » ;
   - ils ont tous deux un rapport avec le mot « pieds » ;
   - on peut s'asseoir sur l'un comme sur l'autre ;
   - les deux peuvent être recouverts de cuir ;
   - on peut dire des deux qu'ils sont vides ;
   - etc.

3. **Exercice p. 134 :** pas de réponses « justes » à cet exercice...

4. **Exercice p. 141 :** voici quelques explications envisageables :
   - la femme et le fils du commandant de bord voyageaient gratuitement avec lui ;
   - la femme et le fils (ou la fille) de l'armateur profitaient de la traversée pour rejoindre (gratuite-

ment) leur mari et père de l'autre côté de l'Atlantique ;
- une passagère enceinte, ayant accouché dès le début du voyage, s'était vu offrir le passage par la compagnie pour fêter l'événement ;
- une chanteuse, engagée par la compagnie pour animer les spectacles lors de la traversée, était accompagnée de sa fille ;
- une passagère clandestine avait réussi à se glisser à bord avec son bébé de quelques mois et ne fut pas découverte ;
- les mots « une mère et son enfant » désignent deux chiens appartenant à une riche passagère et pour le passage desquels aucun paiement n'avait été demandé ;
- la mère et l'enfant dont il est question étaient une des rates de la cale du paquebot et un petit rat de sa portée.

5. Exercice p. 146 : bien entendu, il ne s'agit pas de nier toute compétence ni toute utilité aux experts. Toutefois, il arrive qu'une personne soit si experte dans son domaine qu'elle sera la mieux placée pour trouver les raisons pour lesquelles une idée *ne peut pas* marcher. Face à une telle personne, une idée nouvelle aura alors très peu de chances de sortir de l'œuf. C'est pourquoi on évite souvent d'intégrer des spécialistes d'une question dans les séances de créativité relative à cette question.
Un bon exemple d'expert « dangereux » est l'histoire de Hertz, que nous avons déjà relatée dans ces pages.

6. Exercice p. 156-157 : pas de réponse autre que les vôtres pour cet exercice…

7. **Exercice p. 162 :** une ligne droite est définie comme passant par deux points, c'est-à-dire deux pièces. La clé de ce problème est de penser à sortir du plan de la table. Pour cela, faites un triangle avec trois pièces, puis posez la quatrième pièce *sur* n'importe laquelle d'entre elles. Vous avez bien deux lignes droites contenant chacune trois pièces.

8. **Exercice p. 186 :** en voici un possible, employant les deux premiers éléments : chaque personne joue pour elle (3 joueurs) ou on forme des équipes de deux (4 joueurs). L'une des équipes tire au hasard 20 cartes du jeu et les montre une à une à l'autre équipe, qui doit tenter de les retenir de tête. En trois minutes, elle doit alors retrouver le plus grand nombre possible de cartes. On compte un point par réponse juste, on enlève trois points à chaque réponse fausse. Puis on inverse les rôles…

9. **Exercice p. 190 :** par exemple, le mot « notable » peut nous suggérer note (de musique) et table. À partir de là, on pourrait imaginer l'histoire d'un menuisier ayant inventé une table qui fait de la musique lorsqu'on s'en sert, pour les repas ou les conversations… Qu'arrive-t-il à ce menuisier ? Quel usage ferait-il de son invention ? À vous de voir…

10. **Exercice p. 195 :** plutôt que de donner une liste d'idées envisageables, voici quelques pistes à partir desquelles vous pourrez réfléchir :
– comment utiliser la forme de l'objet ?
– comment utiliser sa matière ?
– que peut-on faire des éléments qui le composent ?

– quelle caractéristique particulière (poids, couleur, valeur…) peut-on mettre à profit ?
– à quoi peut-on le combiner ?
– à quel autre objet fait-il penser ?
– etc.

11. Exercice p. 197 : là encore, plutôt qu'une réponse toute faite, voici quelques pistes :

Deux personnes qui se sont « trouvées » doivent tomber ensemble amoureuses d'une troisième, du troisième sexe.

– Cas de rivalité si désaccord entre ces deux au sujet de la troisième.

– Tout mariage se fait à trois personnes.

– Refonte complète du Code civil, donnant la primauté à un sexe sur les deux autres, ou à deux sur le troisième, ou instaurant un principe démocratique au sein du trio.

– Conséquences dans chaque hypothèse.

– Nouvel aspect du mariage, lorsque trois trios de parents doivent donner leur consentement.

– Différents cas possibles d'adultères.

– D'homosexualité.

– De divorces.

– Aspects nouveaux de la psychanalyse, qui doit s'intéresser à trois figures parentales au lieu de deux.

– Cas de crimes passionnels où deux membres d'un trio tuent le troisième.

– Perspectives nouvelles de la littérature et du théâtre : récriture des grands romans classiques fondés sur la passion amoureuse.

– Conséquences de la situation sur l'économie (deux parents travaillent, le troisième reste à la maison).

– Sur la natalité (il faut trois enfants par trio pour maintenir le niveau de la population).

– Etc.

12. Exercice p. 204 : comme nous l'avons expliqué, la clé de ce type d'exercice consiste à trouver des significations ou des évocations susceptibles de créer une « tension », une dynamique dans l'exposé. Par exemple, on pourra se souvenir que :

– la balle est un instrument de jeu, donc d'opposition ritualisée et amicale (dans les jeux du type football) ; mais aussi un objet meurtrier employé, en tant que munition, dans des oppositions de violence pure (guerre, meurtre...). De là, on peut déboucher sur une réflexion sur la nature de l'opposition et le rôle de la violence.

– le champion est à la fois celui qui vainc tous les autres, qui affirme sa supériorité et peut en tirer profit (comme les « stars » sportives), et celui qui (au sens médiéval du terme) met ses forces au service d'une cause qui le dépasse. D'où, par exemple, une réflexion sur le rôle social de la supériorité, des droits et des devoirs qu'elle confère...

– le mur est à la fois séparation et soutien (on parle de mur « porteur »), ce qui permet un exposé sur la question du rôle positif des limites et des contraintes...

– le désert est à la fois lieu de perdition et de mort, et lieu de refuge pour misanthrope, ce qui donne prétexte à une réflexion sur la solitude...

Bien entendu, ces pistes ne sont pas les seules possibles et nous ne saurions trop vous encourager à en chercher d'autres.

Pour les autres exercices, à vous de trouver vos propres solutions en vous inspirant à la fois des exemples qui précèdent (certains exercices sont de même nature) et des conseils donnés tout au long de ce livre…

BONNE CHANCE !

LA PLACE DE L'INNOVATION AU COURS DE L'HISTOIRE

Si l'on considère la conception que le public se fait de l'idée même d'innovation (technique, artistique ou scientifique), on se rend compte que cette conception évolue à travers le temps et apparaît chaque fois comme élément d'une vision plus générale, qui est celle que la société européenne se fait de l'homme face au monde.

Schématiquement, on peut se figurer trois étapes d'évolution de cette conception.

Dans toute la période médiévale, c'est-à-dire environ depuis la chute de l'Empire romain jusqu'à la Renaissance, le mode général de production est celui de l'artisanat. Cette façon de produire suppose la répétition, la refabrication d'objets à partir d'un modèle et suivant une recette éprouvée. Le tonnelier, le bourrelier, le forgeron, le tailleur… fabriquent leurs produits par la mise en œuvre d'une technique bien dominée. Ils reproduisent. Leur seul vrai moment d'innovation a été, lors de leur entrée dans la corporation, la réalisation d'un « chef-d'œuvre » destiné à manifester clairement leur degré de maîtrise. On vit sur le modèle de la philosophie platonicienne, suivant laquelle il existe pour chaque objet une référence idéale que l'artisan cherche à atteindre. Cette conception s'exerce aussi bien dans le domaine de l'Art, conçu comme une « imitation de la Nature » pour laquelle peintres et sculpteurs sont, à l'instar des artisans, organisés en ateliers. Elle s'exerce enfin dans les monastères, où les moines, appliquant le principe de la répétition, recopient les écrits de l'Antiquité. La science est jugée à l'aune de la Tradition, suivant la formule « *Aristoteles dixit…* », « Aristote a dit… ».

Dans ce contexte, l'innovation n'est pas vraiment utile. Elle ne s'admet, du point de vue social, que dans la mesure où elle ne paraît pas contrevenir au « modèle », c'est-à-dire à l'ordre établi. Cela ne signifie pas, bien sûr, qu'il n'y a pas d'idée nouvelle pendant toute cette époque ; mais plutôt que toute nouveauté artistique ou technique est soumise à une censure préalable, afin d'estimer son degré d'utilité ou de déviance. C'est ainsi que l'Église interdira l'arbalète pendant plusieurs années, que l'imprimerie servira d'abord à diffuser la Bible ou que les travaux de Galilée seront soumis à l'autorisation papale (on sait d'ailleurs aujourd'hui que le savant usa et abusa de cette autorisation, et que son « procès », en 1633, fut beaucoup plus juste et légitime que l'habituelle mythologie ne le laisse croire). Le seul exemple d'innovation réellement incontestable reste la découverte géographique. C'est pourquoi la conception de « l'inventeur » qui découle de cette époque est celle du découvreur, de celui qui « trouve », par hasard, quelque chose qui existait avant lui. Inventer, de ce point de vue, c'est tomber sans trop le faire exprès sur quelque chose qui était déjà là et attendait d'être aperçu. L'invention est une rencontre heureuse.

Avec la Renaissance, puis le siècle des Lumières, cette image évolue. La conception de l'invention comme découverte d'un existant se traduit par l'image bien connue du monde comme livre où tout est accessible, à condition d'en avoir la clé. Tout est déjà là, il suffit de savoir « lire ». Avec le *Discours de* *la méthode* (1637), Descartes propose un mode d'emploi de cette clé que constitue la Raison. Puis un basculement se produit : la Nature, le Monde passent au second plan et la Raison au premier, les penseurs commençant d'occuper le devant de la scène. Le pouvoir politique tente de garder le contrôle de ces « intellectuels » (création de l'Académie française en 1635, par exemple), mais y parvient de plus en plus difficilement. Les idées deviennent, à tous les sens du terme, révolutionnaires. Les innovations techniques introduisent des bouleversements sociaux considérables (invention du métier à tisser et révolte subséquente des soyeux de Lyon). Le calcul intégral, la physique newtonienne (1687), la philosophie kantienne (1781) manifestent à des degrés divers la primauté de la Raison sur la Nature. De différents endroits protégés, Suisse, Angleterre, Hollande... les remises en cause viennent miner l'ordre établi. L'Indépendance américaine, puis la Révolution française devront beaucoup à l'action des « Philosophes ».

Au lendemain de la Révolution, les innovateurs se retrouvent une nouvelle fois « sous contrôle ». Les idées, ayant fait la preuve de leur dangereuse efficacité, sont autorisées si elles vont dans le « bon sens ». L'invention de la vaccination antivariolique par Jenner (1796) ou celle du sucre de betterave par Delessert (1812) s'intègrent assez bien dans ce schéma. L'art est lui aussi « domestiqué », ainsi que l'indique le statut des peintres de salon ou celui d'Offenbach, musicien officiel du Second Empire. Mais bientôt, l'explosion de la révolution industrielle va générer au sein de la société européenne une nouvelle conception de l'idée créative. D'une part, en effet, les innovations se manifestent avec une force jamais atteinte : le train, l'électricité, l'eau courante bouleversent la vie quotidienne. Mais, d'autre part, le mécanisme de ces innovations n'est pas connu par la plus grande partie de cette société bourgeoise, qui a conservé la méfiance des idées neuves, « révolutionnaires ». On constate que ça marche, on en tire profit ou plaisir et en même temps on s'inquiète un peu de toutes ces nouveautés. Il en résulte une image de l'innovateur comme un être à part, à la frontière entre le monde des humains et une sorte de monde divin d'où il recevrait directement les idées, « l'inspiration ». L'innovateur ne « trouve » plus, il est « illuminé ». En positif, cela donne l'image du savant divin, bienfaiteur de l'Humanité, telle qu'elle apparaît par exemple dans la biographie de Pasteur écrite et arrangée par son neveu, ou dans certaines des œuvres de Jules Verne (*L'Île mystérieuse*). C'est aussi l'artiste génial, concevant en un éclair une symphonie ou un poème sans le moindre travail. Ou l'image traditionnelle et excessive d'Évariste Galois (1832) jetant en une nuit, la veille de sa mort, les bases de toutes les mathématiques actuelles. En négatif, c'est l'auteur maudit, le bohème refusant la société et vivant dans cette marge où l'artiste rejoint l'anarchiste, celui dont les œuvres devront parfois, comme celles de Baudelaire ou de Flaubert, être condamnées par la Justice. C'est aussi le savant réprouvé, non pas fou mais en révolte, avatar scientifique de Lucifer : le capitaine Némo ou Robur le Conquérant.

Cette conception quasi mystique de l'innovateur traduit la situation d'une société matérialiste bien assise, sûre d'elle et considérant peu ou prou que la Nature (visible et invisible) a pour objet d'être exploitée pour son profit. Elle traduit aussi, en filigrane, le sentiment que « quelque chose » lui échappe et l'impression vague que tout n'est pas si simple qu'il y paraît. C'est du reste dans une telle société que naîtront ou renaîtront le spiritisme, la littérature fantastique, les « sectes » occultistes ou la psychanalyse.

Cette vision des choses se maintient environ jusqu'à la fin de la Seconde Guerre mondiale. Les derniers savants inspirés seront alors, dans l'esprit du public, des physiciens quasi divinisés, dont le plus représentatif reste Einstein. Puis, peu à peu, une **nouvelle conception de l'innovation** – et donc de la créativité – émerge.

Celle-ci résulte d'un triple mouvement. En premier lieu, beaucoup de nouveautés spectaculaires sont le fait d'équipes, ou de sociétés industrielles, et non plus d'individus. L'image de l'homme inspiré cesse donc d'être pertinente. Ensuite, la logique marchande s'est étendue à presque tous les secteurs d'activité, y compris celui de l'Art. La notion de recherche gratuite ou celle d'inspiration ont du mal à survivre alors que toute idée, toute nouveauté se trouve rapidement monnayée. Enfin, et de façon corollaire, le besoin de nouveauté s'est formidablement développé. Sur le plan militaire, la menace atomique fait de la capacité d'innovation un élément stratégique vital. Sur le plan économique, nous sommes passés d'une économie de la demande (pendant les « Trente Glorieuses » de l'immédiat après-guerre) à une économie de l'offre qui se manifeste par la primauté donnée au marketing. Les entreprises se sont lancées dans une fantastique course à l'innovation, condition essentielle pour le maintien de leurs parts de marché. Cette quête de l'innovation n'épargne aucun secteur : ni les sociétés de services, ni l'industrie du spectacle (qui recherche avidement scénarios et histoires nouvelles), ni celle de l'Art en général (les novateurs « géniaux » se succèdent à une cadence proprement industrielle). Enfin, l'explosion de la publicité engendre à elle seule une demande énorme d'idées neuves, et consacre même la naissance d'un nouveau métier, celui de « créatif ».

Comme résultat de cette évolution, la conception de l'idée, de l'innovation, évolue. Ce n'est plus une inspiration, une étincelle divine, mais une pure et simple matière première qu'il convient d'exploiter. En découlent les tentatives de passer à une véritable « production industrielle » d'idées, dont la technique du brainstorming fournit un bon exemple. Chaque individu représente un gisement d'idées, certains de ces gisements étant seulement plus riches ou plus aisément exploitables que d'autres. Ceux-ci feront alors l'objet de soins particuliers, dans la mesure où le processus d'extraction de l'idée créative demeure encore mal maîtrisé. Tout se résume alors à ces deux questions : comment enrichir son propre gisement ? Comment optimiser ses techniques de production en quantité et en qualité ? La métaphore, on le voit, est purement industrielle et renvoie à une identique vision du monde. Pourtant, au-delà de l'idéologie qu'elle traduit, cette vision industrialiste de la créativité a prouvé une efficacité réelle. C'est du reste d'une telle vision que résulte évidemment le présent ouvrage.

Dans la collection J'ai lu Bien-être

THOMAS ARMSTRONG
Sept façons d'être plus intelligent (7105/5)

ANNE BACUS et CHRISTIAN ROMAIN
Libérez votre créativité! (7124/4)

MARIE BINET et ROSELINE JADFARD
Trois assiettes et un bébé (7113/3)

Dr ARON-BRUNETIÈRE
La beauté et les progrès de la médecine (7006/4)

AGNÈS BEAUDEMONT-DUBUS
La cuisine de la femme pressée (7017/3)

MARTINE BOËDEC
L'homéopathie au quotidien (7021/3)

Dr ALAIN BONDIL et MARION KAPLAN
Votre alimentation selon le Dr Kousmine (7010/5)
L'alimentation de la femme enceinte et de l'enfant, selon l'enseignement du Dr Kousmine (7089/5)
L'âge d'or de votre corps (7108/6)

NATHANIEL BRANDEN
Les six clés de la confiance en soi (7091/7)

BÉATRICE ÇAKIROGLU
Les droits du couple (7018/6)

STEVEN CARTER et JULIA SOKOL
Ces hommes qui ont peur d'aimer (7064/5)

ROBERTA CAVA
Réussir et être heureuse au travail (7082/5, *inédit*)

FRANÇOISE CIVEYREL
Consommez bien. Dépensez mieux (7098/5)

LOLY CLERC
Je dépense, donc je suis! (7107/4)

Dr JULIEN COHEN-SOLAL
Comprendre et soigner son enfant - 1 (7096/6)
Comprendre et soigner son enfant - 2 (7097/6)

BRUNO COMBY
Tabac : libérez-vous ! (7012/4)

Dr LIONEL COUDRON
Stress, comment l'apprivoiser (7027/5)
Mieux vivre par le yoga (7115/6, *inédit*)

CAROLYN PAPE COWAN et PHILIP A. COWAN
1 + 1 = 3 (7065/6)

HÉLÈNE DE LEERSNYDER
Laissez-les faire des bêtises (7106/4)

Dr ERICH DIETRICH et Dr PATRICE CUDICIO
Harmonie et sexualité du couple (7061/5)

Dr DREVET et Dr GALLIN-MARTEL
Bien vivre avec son dos (7002/4)

SONIA DUBOIS
Maigrissons ensemble ! (7120/4)

Dr DAVID ELIA
Comment rester jeune après 40 ans. Version hommes (7110/5)
Comment rester jeune après 40 ans. Version femmes. Nouvelle édition.(7111/5)

PIERRE FLUCHAIRE
Bien dormir pour mieux vivre (7005/4)

PIERRE FLUCHAIRE, MICHEL MONTIGNAC...
Plus jamais fatigué ! (7015/5)

CÉLINE GÉRENT
Savoir vivre sa sexualité (7014/5)

Dr FRANÇOISE GOUPIL-ROUSSEAU
Sexualité : réponses aux vraies questions des femmes (7025/3)

BRIAN A. GROSMAN avec ALLAN REZNICK
Protégez votre emploi (7085/3)

ANNIE HUBERT
Pourquoi les Eskimos n'ont pas de cholestérol (7125/7)

BRIGITTE HEMMERLIN
Maman Solo (7100/5)

PHILIPPE JOST et FRANÇOISE PERRIOT
Guide des actions humanitaires (7086/6)

SAM KEEN
Etre un homme (7109/4)

BARBARA KILLINGER
Accros du boulot (7116/7)

Dr CATHERINE KOUSMINE
Sauvez votre corps (7029/8)

COLETTE LEFORT
Maigrir à volonté ...ou sans volonté ! (7003/4)

Dr GÉRARD LELEU
Le traité des caresses (7004/5)
La Mâle Peur (7026/6)
Le traité du plaisir (7093/5)

Pr HENRI LÔO et Dr HENRY CUCHE
Je suis déprimé mais je me soigne (7009/4)

ALAN LOY McGINNIS
Le pouvoir de l'optimisme (7022/3)

GERRY MARINO et FRANCINE FORTIER
La nouvelle famille (7122/3)

BERNARD MARTINO
Le bébé est une personne (7094/4)

Dr E. MAURY
La médecine par le vin (7016/3)

PIA MELLODY
Vaincre la dépendance (7013/4, *inédit*)

MAURICE MESSÉGUÉ
C'est la nature qui a raison (7028/7)

STEWART MITCHELL
Initiation au massage (7119/4)

Dr VLADIMIR MITZ
Le choix d'être belle (7019/6)

MICHEL MONTIGNAC
Je mange donc je maigris ! (7030/5)
Recettes et menus Montignac (7079/5)
Comment maigrir en faisant des repas d'affaires (7090/5)
La méthode Montignac Spécial Femme (7104/5)
Mettez un turbo dans votre assiette (7117/7)
Je cuisine Montignac (7121/5)

ANNE-MARIE MOUTON
500 conseils pour réussir votre grossesse (7023/4)

ROBIN NORWOOD
Ces femmes qui aiment trop - 1 (7020/6)
Ces femmes qui aiment trop - 2 (7095/6)

DAGMAR O'CONNOR
Comment faire l'amour à la même personne... pour le reste de votre vie (7102/5)

PIERRE PALLARDY
Les chemins du bien-être (7001/3)
Le droit au plaisir (7063/4)

PIERRE et FLORENCE PALLARDY
La forme naturelle (7007/6)

JEAN-LOUIS PASTEUR
Toutes les vitamines pour vivre sans médicaments (7081/6)

JEAN-YVES PECOLLO
La sophrologie au quotidien (7101/3)

VERA PEIFFER
Soyez positifs ! (7118/4)

Pr JEAN-PIERRE RELIER
L'aimer avant qu'il naisse (7088/3)

JOCELYNE DE ROTROU
La mémoire en pleine forme (7087/5)

JACQUES SALOMÉ
Papa, maman, écoutez-moi vraiment (7112/5)

NANCY SAMALIN
Savoir l'entendre, savoir l'aimer (7062/5, *inédit*)

Dr MARIE THIRION
Les compétences du nouveau-né (7123/5)

DEBORAH TANNEN
Décidément, tu ne me comprends pas ! (7083/6, *inédit*)

NITA TUCKER
Le grand amour pour la vie (7099/3)

MARIE-FRANCE VIGOR
Enfants : comment répondre à leurs questions ! (7011/6)

Dr NADIA VOLF
Vos mains sont votre premier médecin (7103/4)

RIKA ZARAI
Ces émotions qui guérissent (7114/7)

PHILIPPE JOST et FRANÇOISE PERRIOT

Le guide des actions humanitaires

Peut-on bien vivre quand les autres vivent si mal ? Vous voulez passer à l'action ? Lutter contre la maladie, la pauvreté, l'exclusion ? Aider les autres, en France ou dans le tiers monde ? Devenir médecin du monde, serveur aux Restos du Cœur, sauveteur en mer, visiteur à domicile, réalisateur de rêves, clown d'hôpital ? **Il y a mille façons d'aider les autres.**

Comment faire ? Où s'adresser ? Faut-il agir ici ou là-bas ? Face à la multitude des organisations, vous vous sentez désemparé.

Ce guide présente **tous les métiers de l'action humanitaire**, répertorie **tous les contacts, adresses et filières de la solidarité** qui vous permettront, à vous aussi, d'agir. Un outil pratique et indispensable qui donne les moyens de l'action à tous ceux qui s'intéressent aux autres.

Philippe Jost et Françoise Perriot

*Journaliste, reporter, Philippe Jost a été directeur des grandes enquêtes chez VSD, rédacteur en chef de Madame Figaro. Il collabore actuellement pour de nombreux journaux (*VSD, Le Nouvel Observateur*).*

Françoise Perriot est chargée des relations publiques à la Mission du patrimoine photographique.

Collection J'ai lu Bien-être, 7086/6

ROBERTA CAVA

Réussir et être heureuse au travail

Que ce soit pour des raisons financières ou parce qu'elles désirent avoir une vie sociale épanouissante, **aujourd'hui la plupart des femmes travaillent**.

Pourtant, tout n'est pas toujours simple... Concilier vie familiale et vie professionnelle, obtenir le salaire que l'on mérite, accéder à des responsabilités, travailler avec un supérieur féminin ou des collègues masculins : **la vie dans l'entreprise ou à la maison se transforme trop souvent en course d'obstacles !**

A partir de son expérience de consultante en entreprise et d'exemples vécus, **Roberta Cava répond à toutes celles qui veulent conduire leur carrière avec clairvoyance et sagesse.**

Une question d'actualité ! Enfin un livre qui aidera concrètement toutes celles qui souhaitent s'épanouir dans leur travail.

Roberta Cava

Mère de famille et femme d'affaires, elle a créé sa propre entreprise après avoir été directrice du personnel. Actuellement consultante en entreprise, elle organise des séminaires qui sont très prisés au Canada et aux États-Unis.

Collection J'ai lu Bien-être, 7082/5

ALAN LOY McGINNIS

Le pouvoir de l'optimisme

Le bonheur cela s'apprend !

Des conseils pratiques pour vivre mieux
en toutes circonstances.

Que diriez-vous d'ôter vos lunettes noires et de voir la vie en rose ? De prendre votre avenir en main ? D'avoir de l'énergie, du dynamisme ? **En un mot, d'être optimiste ?**

Pour l'auteur, **l'optimisme n'est pas un don, c'est une attitude qui s'acquiert !** Il démontre que les optimistes réussissent mieux, vivent souvent **plus heureux et plus longtemps** et, surtout, que leur joie de vivre est communicative.

A l'aide d'exemples et de témoignages, il propose **une méthode efficace et pratique** pour mieux surmonter les situations difficiles, pour développer une plus grande aptitude au bonheur.

Vivifiant, réconfortant, cet ouvrage réjouira les optimistes et aidera les autres à **vivre de façon positive.**

Alan Loy McGinnis
Psychothérapeute de renom, directeur du Valley Counseling Center *à Glendale, en Californie, il a publié de nombreux best-sellers.*

Collection J'ai lu Bien-être, 7022/3

JOCELYNE de ROTROU

La mémoire en pleine forme

Qu'ai-je fait de mes clés ? Comment s'appelle cet acteur ? Où ai-je rangé ce dossier ? Quels que soient notre âge et notre niveau d'études, **la mémoire est un capital précieux à préserver et à entretenir**.

On sait désormais que le cerveau n'est pas un organe au fonctionnement immuable. **Désormais, on peut agir pour développer son potentiel.**

Ce livre propose un programme complet de stimulation intellectuelle : une méthode simple et efficace illustrée par **plus de cent exercices sollicitant la mémoire mais aussi l'attention, la perception, l'imagination...**

Du niveau le plus simple (comment retrouver un nom, une date...) au plus élaboré (concentration, expression orale ou écrite), voici **un outil d'usage quotidien aussi pratique qu'enrichissant.**

Jocelyne de Rotrou

Neuropsychologue, elle a effectué de nombreux travaux sur les troubles cognitifs. Elle poursuit ses activités à l'hôpital Broca et à la Fondation nationale de gérontologie. Les programmes PAC font partie de son action, ils concernent les patients comme les bien-portants, les jeunes comme les moins jeunes.

Collection J'ai lu Bien-être, 7087/5

Dr LIONEL COUDRON

Stress
Comment l'apprivoiser

Vous avez dit "stress" ? Nul ne l'ignore, c'est un des fléaux de la vie moderne. Dans les embouteillages, les transports aux heures de pointe, au bureau ou avec les enfants, à la ville, en voyage, **nous sommes tous candidats au stress**.

Mais savez-vous qu'il existe aussi un bon stress, facteur de dynamisme et de créativité ? **Comment discerner le bon du mauvais... et surtout, comment maîtriser ses tendances au stress ?**

Tests, conseils basés sur l'alimentation, la relaxation, le respect des rythmes naturels, cet ouvrage pratique vous propose **une véritable stratégie de connaissance et de contrôle du stress**.

Une méthode précieuse pour faire face aux embarras quotidiens et se réaliser pleinement !

Dr Lionel Coudron

Docteur en médecine, diplômé de biologie et de médecine du sport, diplômé de nutrition, l'auteur est professeur à l'Institut international d'Acupuncture et président de l'Association Médecine et Yoga.
Il est l'auteur de nombreux ouvrages.

Collection J'ai lu Bien-être, 7027/5

BRIAN A. GROSMAN et ALLAN REZNICK

Protégez votre emploi

Restructurations, fusions, délocalisations, compressions du personnel... **l'insécurité de l'emploi est devenue une réalité quotidienne** !

Si vous perdez votre emploi, quels sont vos droits, comment vous sortir de ce mauvais pas, tirer un trait sur le passé et envisager l'avenir d'un point de vue positif ? **Ne vous laissez pas abattre : saisissez l'occasion pour rebondir, changer de style de vie.**

Contrats, indemnités, références : sachez vous défendre et utiliser tous les moyens pour faire valoir vos droits, déjouer les menaces qui pèsent sur votre emploi, reconnaître les signes annonciateurs d'un licenciement.

Ce guide vous permettra de **mieux connaître vos droits** et donc de **mieux défendre votre droit au travail** !

Brian A. Grosman et Allan Reznick

Brian A. Grosman est un avocat spécialisé dans le droit du travail et l'auteur de nombreux ouvrages juridiques.

Coauteur de cet ouvrage, Allan Reznick est un journaliste respecté dans le milieu des affaires.

Collection J'ai lu Bien-être, 7085/3

J'AI LU
Bien-être
7124

R.I.D. Composition – 91400 Gometz-la-Ville
Achevé d'imprimer en Europe (France)
par Brodard et Taupin à La Flèche (Sarthe)
le 16 mai 1997. 1106S
Dépôt légal mai 1997. ISBN 2-290-07124-2

Éditions J'ai lu
84, rue de Grenelle, 75007 Paris
Diffusion France et étranger : Flammarion